ÉDITORIAL

JANVIER 2024

Dominique Greiner
prêtre assomptionniste

Ouvrir le Liv[illegible]

Le 21 janvier, nous célébrerons [illegible] e belle occasion pour nous inte[illegible] r-dons dans nos vies à la parole [illegible] é une grande partie de sa vie à s[illegible] r la rendre accessible à tous, affirmait : « Ignorer les Écritures, c'est ignorer le Christ. » Autrement dit, sans une fréquentation assidue de la parole de Dieu, il n'y a pas de vie chrétienne authentique. Pour cela le pape François nous donne un conseil tout simple : « Lisons quotidiennement quelques versets de la Bible. Commençons par l'évangile : tenons-le ouvert sur la table à la maison, portons-le avec nous dans la poche ou dans le sac, lisons-le sur le téléphone portable, laissons-le nous inspirer chaque jour. » Saint Jérôme rappelait aussi que nous ne pouvons jamais lire seuls l'Écriture. Nous avons besoin du soutien de frères et de sœurs qui en ont approfondi le sens, surtout quand la Parole nous semble trop dure ou trop amère. Lire la Bible se fait toujours en Église, même quand nous ouvrons le Livre dans le secret de notre chambre. ■

Lire la Bible se fait toujours en Église.

Annoncer la Bonne Nouvelle en Afrique

Grâce à vos dons effectués au Fonds de solidarité, *Prions en Église* peut développer les outils numériques qui accompagnent la transformation et la digitalisation de *Prions en Église* Afrique et du mensuel *Ma foi d'Africain*.

Avec une population jeune et très croyante, l'Église en Afrique compte chaque année près de cinq millions de nouveaux baptisés ! Pour accompagner le développement de la foi des jeunes Africains et toucher le plus grand nombre, *Prions en Église* s'efforce de répondre aux besoins grandissants des jeunes par la création de contenus adaptés à leur usage quotidien du smartphone (vidéos, témoignages, chants, messe en direct…). « Sur le continent africain, il existe une attente et une vraie curiosité autour du numérique comme outil de prière et d'évangélisation. Avec l'application digitale *Prions en Église* Afrique, nous travaillerons à renouveler l'expérience de la prière en offrant une grande richesse de contenus pour apprendre à prier, à méditer et à lire les textes de la Bible », explique Jean-Paul Sagadou, rédacteur en chef pour les éditions *Prions en Église* Afrique. Le passage de la revue au tout-numérique est aujourd'hui essentiel pour rejoindre les jeunes partout où ils sont, malgré les difficultés d'acheminement et les contraintes économiques propres à ce continent.

Messe à Ouagadougou.

Communauté assomptionniste de Ouagadougou

SOLIDARITÉ

L'enjeu est de taille. « L'Afrique est le continent de l'évangélisation où se joue l'avenir du catholicisme », rappelait récemment le père André Antoni, ancien président du Fonds de solidarité *Prions en Église*. Le travail de digitalisation concerne également le mensuel de formation chrétienne *Ma foi d'Africain*, qui souhaite répondre au désir d'être authentiquement africain et authentiquement chrétien, dans un souci constant d'inculturation. La force de *Prions en Église* Afrique est d'être entièrement réalisé en Afrique par des équipes éditoriales et techniques africaines. « Depuis deux ans, je lis sur mon téléphone le mensuel *Ma foi d'Africain*. Je découvre que l'interprétation de la Bible peut être compatible avec un projet révolutionnaire de transformation radicale de l'ordre social africain », témoigne Christine (Libreville, Gabon). La digitalisation s'accélère donc pour ces deux outils qui veulent devenir de vrais compagnons de la foi des jeunes en Afrique. ■

Faustine Fayette

LE FONDS DE SOLIDARITÉ DE « PRIONS EN ÉGLISE »

Le Fonds de solidarité de *Prions en Église* aide à financer les éditions locales de *Prions en Église*, en particulier en Afrique. Si vous voulez participer à la diffusion de ce compagnon d'évangélisation, vous pouvez adresser **vos dons par chèque à l'ordre de Bayard à:** *Prions en Église* – Fonds de solidarité – Bayard – TSA 60007 59714 Lille Cedex 9 ou sur librairie-bayard.com/je-fais-un-don-pour-prions

PRIER AVEC LE SAINT-PÈRE

Intention universelle du mois de janvier 2024

Prions pour que l'Esprit nous aide
à reconnaître les divers charismes
dans la communauté chrétienne et à découvrir
la richesse des différentes traditions rituelles
au sein de l'Église catholique.

Pour vous aider à prier :
www.prieraucoeurdumonde.net

SAINTS ET SAINTES DU MOIS DE JANVIER 2024

Xavier Lecœur, journaliste et historien

Chaque jour, l'Église fête plusieurs saints et bienheureux : ceux du calendrier romain, ceux des calendriers diocésains et ceux du calendrier des Églises orientales. Tous les mois, Prions en Église *vous propose d'en découvrir quelques-uns.*

1er janvier
Sainte Marie, Mère de Dieu

2 janvier
St Adalard

(vers 752-826)

Petit-fils de Charles Martel, neveu de Pépin le Bref et cousin de Charlemagne, il délaissa les richesses et les honneurs pour entrer au monastère de Corbie dans le diocèse d'Amiens (Somme). Il en devint l'abbé.

3 janvier
St Cyriaque-Élie Chavara

(1805-1871)

Il y a dix ans, le pape François canonisait ce prêtre indien, de rite syro-malabar, très attaché à l'eucharistie, à la Sainte Famille et à l'Église. Il fonda deux instituts religieux agrégés à l'ordre du Carmel.

4 janvier
Ste Angèle de Foligno

(1248-1309)

« L'oraison est la force qui attire Dieu », affirmait cette mystique italienne qui, devenue veuve, entra dans le tiers ordre franciscain.

5 janvier
St Édouard le Confesseur

(1004-1066)

Dernier roi d'Angleterre avant la conquête du pays par Guillaume le Conquérant, il était réputé pour sa bonté et sa piété.

6 janvier
St Charles de Sezze

(1613-1670)

Frère convers franciscain. Il connut de grandes expériences mystiques. Canonisé par saint Jean XXIII en 1959.

7 janvier
St André Bessette

(1845-1937)

Religieux québécois de la congrégation de la Sainte-Croix. Il multiplia les guérisons miraculeuses et fit construire, à Montréal, le grand oratoire Saint-Joseph. Canonisé en 2010.

8 janvier
Ste Gudule
(646-712)
Élevée par sa tante sainte Gertrude de Nivelles, elle consacra sa vie aux plus misérables. Patronne de Bruxelles.

9 janvier
Bse Pauline Jaricot
(1799-1862)
Peu après sa conversion à 17 ans, cette Lyonnaise inventa l'œuvre de la Propagation de la foi (pour le financement des missions), puis développa la chaîne de prière du Rosaire vivant. Béatifiée en 2022.

10 janvier
St Grégoire de Nysse
(IVe siècle)
« Si, par un effort de vie parfaite, tu nettoies les scories de ton cœur, la beauté divine brillera de nouveau en toi », affirmait le frère cadet de saint Basile de Césarée, qui fut aussi évêque et théologien. Docteur de l'Église.

11 janvier
St Thomas de Cori
(1655-1729)
En 1999, le pape saint Jean-Paul II canonisait ce franciscain italien qui, soucieux de suivre l'exemple de saint François d'Assise, mena une vie de prière, de charité et de prédication.

12 janvier
Bx Pierre-François Jamet
(1762-1845)
Prêtre normand. Il dédia sa vie à l'accueil des personnes handicapées mentales et à l'éducation des jeunes sourds et muets. Béatifié en 1987.

13 janvier
St Hilaire
(vers 315-367)
« Dieu, Père tout-puissant, que tout en moi, mes paroles et mes pensées, parlent de Toi » : ainsi priait l'évêque de Poitiers, auteur du *Traité sur la Trinité*. Docteur de l'Église.

14 janvier
Bx Odoric de Pordenone
(vers 1285-1331)
Ce franciscain italien se rendit en Arménie, en Perse, en Inde et jusqu'en Chine. Il mourut peu après son retour, dans son couvent d'Udine.

15 janvier
St Remi
(vers 437-vers 530).
Évêque de Reims. Il est resté dans l'histoire pour avoir conféré le baptême à Clovis, roi des Francs. Il s'est aussi consacré à l'évangélisation de l'est de la France.

16 janvier
Bx Joseph Tovini
(1841-1897)
Avocat, journaliste et homme politique italien, qualifié de « grand apôtre social » par le pape saint Jean-Paul II qui le béatifia en 1998.

17 janvier
St Antoine le Grand
(vers 251-356)
« Notre religion ne consiste pas en un art du raisonnement, mais dans la foi qui agit par l'amour du Christ », affirmait cet ermite égyptien qui, rejoint par des disciples, fut le premier à organiser la vie religieuse.

18 janvier
Bse Marie-Thérèse Fasce
(1881-1947)
Abbesse pendant vingt-cinq ans du monastère Sainte-Rita de Cascia, cette religieuse augustine conjugua vie contemplative fervente et dévouement pour les plus démunis. Béatifiée en 1997.

19 janvier
St Macaire d'Égypte
(lire page 107)

20 janvier
St Sébastien
(IIIe siècle)
Ce brillant officier de l'armée romaine secourait les chrétiens persécutés sous le règne de l'empereur Dioclétien. Dénoncé, il fut livré aux archers avant de mourir par bastonnade.

21 janvier
Bx Jean-Baptiste du Cormier
(1732-1794)
L'un des quatorze prêtres martyrisés à Laval (Mayenne) sous la Révolution.

22 janvier
St Vincent
(IIIe et IVe siècles)
Arrêté avec son évêque Valère, ce diacre de Saragosse n'abjura pas sa foi malgré les tortures. Premier martyr espagnol et patron des vignerons.

23 janvier
Ste Marianne Cope
(1838-1918)
Religieuse américaine, des Sœurs

franciscaines de Syracuse. Elle se dévoua, pendant trente-cinq ans, auprès des lépreux des îles Hawaï.

24 janvier
Bse Marie Poussepin
(1653-1744)
Il y a trente ans, le pape saint Jean-Paul II béatifiait cette Française qui sut être une femme d'affaires avisée et une femme de foi fervente.

25 janvier
Conversion de saint Paul

26 janvier
Sts Tite et Timothée
(Ier siècle)
Deux des plus fidèles disciples de saint Paul qui leur adressa des épîtres pastorales. Timothée fut le premier évêque d'Éphèse et Tite, le premier évêque de Crète.

27 janvier
Ste Dévote
(IIIe et IVe siècles)
Cette jeune fille, martyrisée sous l'empereur Dioclétien, est devenue la sainte patronne de son île natale – la Corse – ainsi que de la principauté de Monaco.

28 janvier
St Thomas d'Aquin
(1225-1274)
Dominicain, élève de saint Albert le Grand. Il élabora une synthèse grandiose entre la pensée chrétienne traditionnelle et l'œuvre d'Aristote. Surnommé le « docteur angélique ».

29 janvier
Sts Papias et Maur
(IVe siècle)
Convertis au christianisme par le pape saint Marcel Ier, ces deux soldats romains furent jetés en prison et livrés au martyre.

30 janvier
St Mutien-Marie Wiaux
(1841-1917)
Aide-surveillant dans un collège belge pendant plus de cinquante ans, ce frère des Écoles chrétiennes manifesta une piété et une humilité exemplaires. Canonisé en 1989.

31 janvier
St Jean Bosco
(1815-1888)
« Au moyen des œuvres de charité, nous fermons les portes de l'enfer et nous ouvrons celles du paradis », rappelait ce prêtre éducateur, fondateur des Salésiens et des Filles de Marie Auxiliatrice. Canonisé en 1934.

Prions avec les textes de la messe

DU 1ER AU 31 JANVIER 2024

Partagez vos intentions de prière

....

....

....

....

....

....

....

....

....

Envoyez vos intentions de prière à :
Prions en Église, Intentions de prière, 18 rue Barbès, 92128 Montrouge Cedex.
Elles seront portées par les pèlerins qui partiront à Rome pendant la Semaine sainte, du 27 au 31 mars 2024.

LUNDI 1ER JANVIER 2024

OCTAVE DE LA NATIVITÉ COULEUR LITURGIQUE : BLANC

Sainte Marie, Mère de Dieu

Antienne d'ouverture

Nous te saluons, Mère très sainte :
tu as mis au monde le Roi
qui gouverne le ciel et la terre
pour les siècles sans fin.

OU

Aujourd'hui, la lumière
va resplendir sur nous,
car le Seigneur nous est né.
On l'appelle : Dieu admirable,
Père-à-jamais, Prince-de-la-Paix.
Et son règne n'aura pas de fin.

(cf. Is 9, 1.5 ; Lc 1, 33)

Gloire à Dieu *(p. 231)*

Prière

Seigneur Dieu, par la virginité féconde de la bienheureuse Marie, tu as offert au genre humain les bienfaits du salut éternel ; accorde-nous d'éprouver qu'intercède en notre faveur celle qui nous permit d'accueillir l'auteur de la vie, Jésus Christ, ton Fils, notre Seigneur. Lui qui… — ***Amen.***

LUNDI 1ER JANVIER 2024

Lectures propres à la solennité de sainte Marie, Mère de Dieu.

Lecture

du livre des Nombres (6, 22-27)

« Ils invoqueront mon nom sur les fils d'Israël, et moi, je les bénirai »

Le Seigneur parla à Moïse. Il dit : « Parle à Aaron et à ses fils. Tu leur diras : Voici en quels termes vous bénirez les fils d'Israël : "Que le Seigneur te bénisse et te garde ! Que le Seigneur fasse briller sur toi son visage*, qu'il te prenne en grâce ! Que le Seigneur tourne vers toi son visage, qu'il t'apporte la paix !" Ils invoqueront ainsi mon nom sur les fils d'Israël, et moi, je les bénirai. »

– Parole du Seigneur

Psaume 66 (67)

℟ ***Que Dieu nous prenne en grâce et qu'il nous bénisse !***

Que Dieu nous prenne en grâce
et nous bénisse,
Que son visage s'illumine pour nous ;
et ton chemin sera connu sur la terre,
ton salut, parmi toutes les nations. ℟

Que les nations chantent leur joie,
car tu gouvernes le monde avec justice ;
tu gouvernes les peuples avec droiture,
sur la terre, tu conduis les nations. ℟

Que les peuples, Dieu,
te rendent grâce ;
Qu'ils te rendent grâce tous ensemble
Que Dieu nous bénisse,
et que la terre tout entière l'adore ! ℟

Lecture

de la lettre de saint Paul apôtre aux Galates (4, 4-7)

« Dieu a envoyé son Fils, né d'une femme »

Frères, lorsqu'est venue la plénitude des temps, Dieu a envoyé son Fils, né d'une femme et soumis à la loi de Moïse, afin de racheter ceux qui étaient soumis à la Loi et pour que nous soyons adoptés comme fils. Et voici la preuve que vous êtes des fils : Dieu a envoyé l'Esprit de son Fils dans nos cœurs, et cet Esprit crie « *Abba !* », c'est-à-dire : Père ! Ainsi tu n'es plus esclave, mais fils, et puisque tu es fils, tu es aussi héritier : c'est l'œuvre de Dieu.

– Parole du Seigneur

Acclamation de l'Évangile

Alléluia. Alléluia. À bien des reprises, Dieu, dans le passé, a parlé à nos pères par les prophètes ; à la fin, en ces jours où nous sommes, il nous a parlé par son Fils. ***Alléluia.***

Évangile de Jésus Christ

selon saint Luc (2, 16-21)

« Ils découvrirent Marie et Joseph, avec le nouveau-né. Quand fut arrivé le huitième jour, l'enfant reçut le nom de Jésus »

En ce temps-là, les bergers se hâtèrent d'aller à Bethléem, et ils découvrirent Marie et Joseph, avec le nouveau-né couché dans la mangeoire. Après avoir vu, ils racontèrent ce qui leur avait été annoncé au sujet de cet enfant. Et tous ceux qui entendirent s'étonnaient de ce

que leur racontaient les bergers. Marie, cependant, retenait tous ces événements et les méditait dans son cœur. Les bergers repartirent ; ils glorifiaient et louaient Dieu pour tout ce qu'ils avaient entendu et vu, selon ce qui leur avait été annoncé. Quand fut arrivé le huitième jour, celui de la circoncision, l'enfant reçut le nom de Jésus, le nom que l'ange lui avait donné avant sa conception.

Profession de foi *(p. 232)*

Prière sur les offrandes

Seigneur Dieu, dans ta bonté, tu es à l'origine de tout bien, et tu le mènes à sa perfection ; puisque la solennité de la sainte Mère de Dieu nous fait célébrer dans l'allégresse les premiers temps de ta grâce, donne-nous la joie d'en recueillir tous les fruits. Par le Christ, notre Seigneur. ***— Amen.***

1re préface de la Vierge Marie, p. 237.

Antienne de la communion

Jésus Christ,
hier et aujourd'hui,
est le même,
il l'est pour l'éternité.
(He 13, 8)

Prière après la communion

Nous avons reçu dans la joie le sacrement du ciel, et nous te prions, Seigneur : qu'il fasse grandir en nous la vie éternelle en ce jour où nous proclamons avec fierté la bienheureuse Marie toujours vierge Mère de ton Fils et Mère de l'Église. Par le Christ, notre Seigneur. ***— Amen.***

Bénédiction solennelle pour le commencement de l'année

Dieu est la source et l'origine de toute bénédiction : qu'il vous accorde sa grâce, qu'il répande sur vous sa bénédiction en abondance et vous maintienne en bonne santé tout au long de l'année.

— *Amen.*

Qu'il garde intacte votre foi, qu'il affermisse votre espérance, qu'il vous donne de persévérer jusqu'au bout dans une patiente charité.

— *Amen.*

Qu'il dispose en sa paix vos jours et vos actes, qu'il exauce vos prières ici et en tout lieu, et vous fasse heureusement parvenir à la vie éternelle.

— *Amen.*

Et que la bénédiction de Dieu tout-puissant, le Père, et le Fils, ✠ et le Saint-Esprit, descende sur vous et y demeure toujours.

— *Amen.*

INVITATION

L'année commence avec la Journée mondiale de la paix. Dans les vœux que je formule aujourd'hui, je pourrais souhaiter la paix du Christ.

COMMENTAIRE

Demande de grâce Luc 2, 16-21

Il y a façon et façon de « garder les événements en son cœur ». L'une génère un rétrécissement du cœur, une fermeture qui s'apparente à la mort : c'est celle qui revient à ressasser nos ressentiments, nos frustrations sans laisser l'Esprit les visiter. L'autre fait croître la vie, l'espérance, l'amour : c'est celle de Marie. Alors que nous célébrons Dieu qui, en Jésus, fait « toutes choses nouvelles » (Is 43, 19), demandons la grâce d'être attentifs à son action – une grâce qui conduit à la dilatation du cœur. ■

Emmanuelle Billoteau*, ermite*

❊ CLÉ DE LECTURE

« Son visage » Nombres 6, 25 *(p. 14)*

Ce magnifique appel à la bénédiction nous interroge sur nos représentations de Dieu. Dieu toujours au-delà de ce que nous pouvons imaginer ou dire, Dieu « plus intérieur à nous que nous-même » (saint Augustin), Dieu parfois cherché aujourd'hui du côté du souffle ou de la source… Les auteurs bibliques n'hésitent pas à user d'images très anthropomorphiques, eux qui ne confondent jamais le visage de Dieu avec les figures honnies des idoles faites de main d'homme. Mais ils savent que la vérité de Dieu est à chercher du côté de l'être humain, que Dieu s'est lui-même engagé dans l'humanité par un amour que nul ne peut imaginer. La foi chrétienne découvrira alors dans le visage de Jésus de Nazareth « l'image parfaite de Dieu » (cf. 2 Co 4, 4), lui qui est né d'une femme ! ■

Roselyne Dupont-Roc*, bibliste*

MARDI 2 JANVIER 2024

TEMPS DE NOËL COULEUR LITURGIQUE : BLANC

Saint Basile le Grand et saint Grégoire de Nazianze

IVe siècle. Deux amis, deux évêques et deux des plus grands auteurs chrétiens des premiers temps : Basile fut le chantre de l'Esprit Saint, Grégoire celui de la Trinité.

Antienne d'ouverture

Les peuples raconteront la sagesse des saints, l'Église proclamera leurs louanges, et leur nom reste vivant pour toutes les générations.
(cf. Si 44, 15.14)

Prière

Seigneur Dieu, tu as voulu illuminer ton Église par l'exemple et les enseignements des bienheureux évêques Basile et Grégoire ; accorde-nous de rechercher ta vérité dans l'humilité et de la mettre en œuvre fidèlement dans la charité. Par Jésus… ***— Amen.***

Lecture

de la première lettre de saint Jean (2, 22-28)

« Que demeure en vous ce que vous avez entendu depuis le commencement »

Bien-aimés, le menteur n'est-il pas celui qui refuse que Jésus soit le Christ ? Celui-là est l'anti-Christ : il refuse à la fois le Père et le Fils ; quiconque refuse le Fils n'a pas non plus le Père ; celui qui reconnaît le Fils a aussi le Père. Quant à vous, que demeure en vous ce que vous avez entendu depuis le commencement. Si ce que vous avez entendu depuis le commencement demeure en vous, vous aussi, vous demeurerez dans

le Fils et dans le Père. Et telle est la promesse que lui-même nous a faite : la vie éternelle. Je vous ai écrit cela à propos de ceux qui vous égarent.
Quant à vous, l'onction que vous avez reçue de lui demeure en vous, et vous n'avez pas besoin d'enseignement. Cette onction vous enseigne toutes choses, elle qui est vérité et non pas mensonge ; et, selon ce qu'elle vous a enseigné, vous demeurez en lui. Et maintenant, petits enfants, demeurez en lui ; ainsi, quand il se manifestera, nous aurons de l'assurance, et non pas la honte d'être loin de lui à son avènement. – Parole du Seigneur

Psaume 97 (98)

℟ ***La terre tout entière a vu le salut de notre Dieu.***

Chantez au Seigneur un chant nouveau,
car il a fait des merveilles ;
par son bras très saint, par sa main puissante,
il s'est assuré la victoire. ℟

Le Seigneur a fait connaître sa victoire
et révélé sa justice aux nations ;
il s'est rappelé sa fidélité, son amour,
en faveur de la maison d'Israël. ℟

La terre tout entière a vu
la victoire de notre Dieu.
Acclamez le Seigneur, terre entière,
sonnez, chantez, jouez ! ℟

Acclamation de l'Évangile

Alléluia. Alléluia. À bien des reprises, Dieu, dans le passé, a parlé à nos pères par les prophètes ; à la fin, en ces jours où nous sommes, il nous a parlé par son Fils. ***Alléluia.***

Évangile de Jésus Christ

selon saint Jean (1, 19-28)

« C'est lui qui vient derrière moi »

Voici le témoignage de Jean le Baptiste, quand les Juifs lui envoyèrent de Jérusalem des prêtres et des lévites pour lui demander : « Qui es-tu ? » Il ne refusa pas de répondre, il déclara ouvertement : « Je ne suis pas le Christ. » Ils lui demandèrent : « Alors qu'en est-il ? Es-tu le prophète Élie ? » Il répondit : « Je ne le suis pas. – Es-tu le Prophète annoncé ? » Il répondit : « Non. » Alors ils lui dirent : « Qui es-tu ? Il faut que nous donnions une réponse à ceux qui nous ont envoyés. Que dis-tu sur toi-même ? » Il répondit : « *Je suis la voix de celui qui crie dans le désert : Redressez le chemin du Seigneur*, comme a dit le prophète Isaïe. » Or, ils avaient été envoyés de la part des pharisiens. Ils lui posèrent encore cette question : « Pourquoi donc baptises-tu, si tu n'es ni le Christ, ni Élie, ni le Prophète ? » Jean leur répondit : « Moi, je baptise dans l'eau. Mais au milieu de vous se tient celui que vous ne connaissez pas ; c'est lui qui vient derrière moi, et je ne suis pas digne de délier la courroie de sa sandale. » Cela s'est passé à Béthanie, de l'autre côté du Jourdain, à l'endroit où Jean baptisait.

Prière sur les offrandes

Accueille, Seigneur, le sacrifice de ton peuple en l'honneur des bienheureux Basile et Grégoire ; nous l'offrons pour te glorifier : qu'il contribue à notre salut éternel. Par le Christ, notre Seigneur. **— *Amen.***

Préface de la Nativité, p. 235.

Antienne de la communion

Nous proclamons le Christ crucifié,
le Christ, puissance de Dieu
et sagesse de Dieu. (cf. 1 Co 1, 23-24)

Prière après la communion

Par cette communion à la table du ciel, Dieu tout-puissant, raffermis et augmente les forces d'en haut en tous ceux qui célèbrent la fête des bienheureux Basile et Grégoire ; aide-nous à garder dans son intégrité le don de la foi, et à marcher sur le chemin du salut qui nous est proposé. Par le Christ, notre Seigneur.

— ***Amen.***

INVITATION

2024 est l'année de la prière, pour préparer le jubilé de 2025.
Et si j'essayais de renouveler ma prière personnelle et communautaire, en suivant une école de prière par exemple ?

COMMENTAIRE

Singulièrement grand

Jean 1, 19-28

L'évangile s'intéresse à l'identité de celui dont nous venons de célébrer la Nativité : aujourd'hui, à travers le témoignage de Jean Baptiste. Ce dernier reconnaît le Christ comme plus grand que lui, le prophète envoyé préparer les chemins du Seigneur. Si Jean peut le désigner ainsi, c'est qu'il consent pleinement à sa singularité et, par là même, n'entretient aucune confusion. Qui est le Christ pour nous ? Quelqu'un de connu ou celui qui nous dépasse et par qui nous acceptons d'être déroutés ? ■

***Emmanuelle Billoteau**, ermite*

MERCREDI 3 JANVIER 2024

TEMPS DE NOËL COULEUR LITURGIQUE : BLANC

Férie du temps de Noël avant l'Épiphanie
ou **Saint Nom de Jésus** *ou* **sainte Geneviève**, *voir p. 27*

Antienne d'ouverture

Le peuple qui marchait dans les ténèbres
a vu se lever une grande lumière ;
et sur les habitants du pays de l'ombre de la mort
une lumière a resplendi. (Is 9, 1)

Prière

Dieu tout-puissant, nous t'en prions : puisque ton salut s'est manifesté pour la rédemption du monde par une lumière nouvelle dans les cieux, qu'il se lève en nos cœurs pour les renouveler toujours. Par Jésus… ***— Amen.***

Lecture

de la première lettre de saint Jean (2, 29 – 3, 6)

« Quiconque demeure en lui ne pèche pas »

Bien-aimés, puisque vous savez que lui, Jésus, est juste, reconnaissez que celui qui pratique la justice est, lui aussi, né de Dieu. Voyez quel grand amour nous a donné le Père pour que nous soyons appelés enfants de Dieu – et nous le sommes. Voici pourquoi le monde ne nous connaît pas : c'est qu'il n'a pas connu Dieu. Bien-aimés, dès maintenant, nous sommes enfants de Dieu, mais ce que nous serons n'a pas encore été

manifesté. Nous le savons : quand cela sera manifesté, nous lui serons semblables car nous le verrons tel qu'il est. Et quiconque met en lui une telle espérance se rend pur comme lui-même est pur. Qui commet le péché transgresse la loi ; car le péché, c'est la transgression. Or, vous savez que lui, Jésus, s'est manifesté pour enlever les péchés, et qu'il n'y a pas de péché en lui. Quiconque demeure en lui ne pèche pas ; quiconque pèche ne l'a pas vu et ne le connaît pas.
– Parole du Seigneur

Psaume 97 (98)

℟ ***La terre tout entière a vu le salut de notre Dieu.***

Chantez au Seigneur un chant nouveau,
car il a fait des merveilles ;
par son bras très saint,
par sa main puissante,
il s'est assuré la victoire. ℟

La terre tout entière a vu
la victoire de notre Dieu.
Acclamez le Seigneur, terre entière,
sonnez, chantez, jouez ! ℟

Jouez pour le Seigneur sur la cithare,
sur la cithare et tous les instruments ;
au son de la trompette et du cor,
acclamez votre roi, le Seigneur ! ℟

Acclamation de l'Évangile

Alléluia. Alléluia. Le Verbe s'est fait chair, il a établi parmi nous sa demeure. À tous ceux qui l'ont reçu, il a donné de pouvoir devenir enfants de Dieu. ***Alléluia.***

Évangile de Jésus Christ

selon saint Jean (1, 29-34)

« Voici l'Agneau de Dieu, qui enlève le péché du monde »

Le lendemain, voyant Jésus venir vers lui, Jean le Baptiste déclara : « Voici l'Agneau de Dieu, qui enlève le péché du monde ; c'est de lui que j'ai dit : L'homme qui vient derrière moi est passé devant moi, car avant moi il était. Et moi, je ne le connaissais pas ; mais, si je suis venu baptiser dans l'eau, c'est pour qu'il soit manifesté à Israël. » Alors Jean rendit ce témoignage : « J'ai vu l'Esprit descendre du ciel comme une colombe et il demeura sur lui. Et moi, je ne le connaissais pas, mais celui qui m'a envoyé baptiser dans l'eau m'a dit : "Celui sur qui tu verras l'Esprit descendre et demeurer, celui-là baptise dans l'Esprit Saint." Moi, j'ai vu, et je rends témoignage : c'est lui le Fils de Dieu. »

Prière sur les offrandes

Seigneur Dieu, source de la piété véritable et de la paix, nous t'en prions, accorde-nous d'honorer dignement ta gloire par cette offrande ; que, dans la participation fidèle aux saints mystères, nous prenions davantage conscience de notre unité. Par le Christ, notre Seigneur. ***— Amen.***

Préface de la Nativité, p. 235.

Antienne de la communion

La vie, qui était auprès du Père,
s'est manifestée et nous est apparue.
(1 Jn 1, 2)

Prière après la communion

Ton peuple, Seigneur, a besoin de multiples secours pour sa traversée d'ici-bas ; que ta tendresse lui accorde ceux de la vie présente comme ceux de la vie future : trouvant alors le réconfort nécessaire dans les choses qui passent, il recherchera les biens éternels avec plus de confiance. Par le Christ, notre Seigneur.

— Amen.

INVITATION

À qui vais-je rendre témoignage aujourd'hui que Jésus est le Fils de Dieu ?

COMMENTAIRE

Présence de l'Esprit

Jean 1, 29-34

C'est toujours de l'identité de Jésus dont il s'agit, à travers le témoignage de Jean et de l'Esprit. Il est « l'Agneau de Dieu qui enlève le péché du monde », celui qui baptise dans l'eau et l'Esprit, inaugurant ainsi une Création nouvelle – là où le seul baptême d'eau relevait de la purification. Avons-nous expérimenté cette nouveauté ? Sachant qu'elle est libération de la mauvaise culpabilité et qu'elle nous introduit dans la gratitude de ceux qui se savent pardonnés et aimés. ■

***Emmanuelle Billoteau**, ermite*

Sainte Geneviève

Couleur liturgique : blanc

420-502. Vierge consacrée, pieuse, charitable et énergique, notamment lorsque les Parisiens furent menacés par les Huns, puis par les Francs. Patronne de Paris.

Antienne d'ouverture

Voici la vierge sage, elle est au nombre
des jeunes filles prévoyantes ;
sa lampe allumée, elle est sortie
à la rencontre du Christ.

Prière

Répands sur nous, Seigneur, l'esprit d'intelligence et d'amour dont tu as rempli sainte Geneviève, ta servante ; fais que nous imitions avec empressement sa fidélité et son obéissance, et que nous sachions te plaire par notre foi et toute notre vie. Par Jésus…
— Amen.

Prière sur les offrandes

Nous proclamons tes merveilles, accomplies en la bienheureuse vierge, sainte Geneviève, Seigneur, Dieu de majesté, et nous te supplions humblement : toi qui appréciais les mérites de sa vie, accepte l'hommage de notre service. Par le Christ, notre Seigneur. **— Amen.**

Préface de la Nativité, p. 235

Antienne de la communion

Voici l'Époux qui vient ! Sortez
à la rencontre du Christ, le Seigneur.
(cf. Mt 25, 6)

Prière après la communion

En participant au don que tu nous as fait, Seigneur notre Dieu, nous avons renouvelé nos forces, et nous te supplions encore : qu'à l'exemple de sainte Geneviève, portant dans notre corps la mort de Jésus, nous cherchions à nous attacher à toi seul. Par le Christ, notre Seigneur. **— Amen.**

JEUDI 4 JANVIER 2024

TEMPS DE NOËL COULEUR LITURGIQUE : BLANC

Férie du temps de Noël avant l'Épiphanie

Antienne d'ouverture

Au commencement et avant le temps, le Verbe était Dieu : lui-même a daigné naître dans le temps des hommes comme Sauveur du monde.

(cf. Jn 1, 1)

Prière

Seigneur Dieu, tu as merveilleusement inauguré la rédemption de ton peuple par la naissance de ton Fils unique ; accorde à tes serviteurs une foi solide pour qu'ils se laissent conduire par lui, et parviennent ainsi à la gloire que tu leur promets. Par Jésus… ***— Amen.***

Lecture

de la première lettre de saint Jean (3, 7-10)

« Quiconque est né de Dieu ne commet pas de péché »

Petits enfants, que nul ne vous égare : celui qui pratique la justice est juste comme lui, Jésus, est juste ; celui qui commet le péché est du diable, car, depuis le commencement, le diable est pécheur. C'est pour détruire les œuvres du diable que le Fils de Dieu s'est manifesté. Quiconque est né de Dieu ne commet pas de péché, car ce qui a été semé par Dieu

demeure en lui : il ne peut donc pas pécher, puisqu'il est né de Dieu. Voici comment se manifestent les enfants de Dieu et les enfants du diable : quiconque ne pratique pas la justice n'est pas de Dieu, et pas davantage celui qui n'aime pas son frère.
– Parole du Seigneur

Psaume 97 (98)

℟ ***La terre tout entière a vu le salut de notre Dieu.***

Chantez au Seigneur un chant nouveau,
car il a fait des merveilles ;
par son bras très saint,
par sa main puissante,
il s'est assuré la victoire. ℟

Que résonnent la mer et sa richesse,
le monde et tous ses habitants ;
que les fleuves battent des mains,
que les montagnes chantent leur joie. ℟

Acclamez le Seigneur, car il vient
pour gouverner la terre,
pour gouverner le monde avec justice
et les peuples avec droiture ! ℟

Acclamation de l'Évangile

Alléluia. Alléluia. À bien des reprises, Dieu, dans le passé, a parlé à nos pères par les prophètes ; à la fin, en ces jours où nous sommes, il nous a parlé par son Fils. ***Alléluia.***

Évangile de Jésus Christ

selon saint Jean (1, 35-42)

« Nous avons trouvé le Messie »

En ce temps-là, Jean le Baptiste se trouvait avec deux de ses disciples. Posant son regard sur Jésus qui allait et venait, il dit : « Voici l'Agneau de Dieu. » Les deux disciples entendirent ce qu'il disait, et ils suivirent Jésus. Se retournant, Jésus vit qu'ils le suivaient, et leur dit : « Que cherchez-vous ? » Ils lui répondirent : « Rabbi – ce qui veut dire : Maître –, où demeures-tu ? » Il leur dit : « Venez, et vous verrez. » Ils allèrent donc, ils virent où il demeurait, et ils restèrent auprès de lui ce jour-là. C'était vers la dixième heure (environ quatre heures de l'après-midi).

André, le frère de Simon-Pierre, était l'un des deux disciples qui avaient entendu la parole de Jean et qui avaient suivi Jésus. Il trouve d'abord Simon, son propre frère, et lui dit : « Nous avons trouvé le Messie » – ce qui veut dire : Christ. André amena son frère à Jésus. Jésus posa son regard sur lui et dit : « Tu es Simon, fils de Jean ; tu t'appelleras Kèphas » – ce qui veut dire : Pierre.

Prière sur les offrandes

Accueille, Seigneur, ce que nous présentons pour cette eucharistie où s'accomplit un admirable échange : en offrant ce que tu nous as donné, puissions-nous te recevoir toi-même. Par le Christ, notre Seigneur. — ***Amen.***

Préface de la Nativité, p. 235.

Antienne de la communion

Dieu a tellement aimé le monde qu'il a donné son Fils unique, afin que quiconque croit en lui ne se perde pas, mais obtienne la vie éternelle. (Jn 3, 16)

Prière après la communion

Dieu tout-puissant, nous t'en prions : fais que la force de tes saints mystères soutienne constamment notre vie. Par le Christ, notre Seigneur. — ***Amen.***

INVITATION

Quelle phrase de l'évangile puis-je retenir et me répéter toute la journée ?

COMMENTAIRE

Cherchez et trouvez Jean 1, 35-42

Jésus est de nouveau désigné comme « l'Agneau de Dieu » – ce qui annonce le mystère pascal – et comme le Messie attendu par Israël. L'injonction « Venez, et vous verrez » invite à faire l'expérience du Christ et à ne pas s'en tenir à des notions théologiques, à des mots. Cette expérience suppose une mise en route. Alors, essayons d'entendre cette interrogation : « Que cherchez-vous ? » pour y répondre en vérité, sans oublier de discerner quel déplacement intérieur nous avons à opérer pour « demeurer » avec lui. ■

Emmanuelle Billoteau*, ermite*

VENDREDI 5 JANVIER 2024

TEMPS DE NOËL COULEUR LITURGIQUE : BLANC

Férie du temps de Noël avant l'Épiphanie

Antienne d'ouverture

Lumière des cœurs droits,
il s'est levé dans les ténèbres,
le Seigneur de justice,
de tendresse et de pitié. (cf. Ps 111, 4)

Prière

Dans ta bonté, Seigneur, sois la lumière de tes fidèles ; éclaire toujours leurs cœurs par la splendeur de ta gloire, pour qu'ils ne cessent de reconnaître leur Sauveur et s'attachent à lui en toute vérité. Lui qui… ***— Amen.***

Lecture

de la première lettre de saint Jean (3, 11-21)

« Nous sommes passés de la mort à la vie, parce que nous aimons nos frères »

Bien-aimés, tel est le message que vous avez entendu depuis le commencement : aimons-nous les uns les autres. Ne soyons pas comme Caïn : il appartenait au Mauvais et il égorgea son frère. Et pourquoi l'a-t-il égorgé ? Parce que ses œuvres étaient mauvaises : au contraire, celles de son frère étaient justes. Ne soyez pas étonnés, frères, si le monde a de la haine contre vous. Nous, nous savons que nous sommes passés de la mort

à la vie, parce que nous aimons nos frères. Celui qui n'aime pas demeure dans la mort. Quiconque a de la haine contre son frère est un meurtrier, et vous savez que pas un meurtrier n'a la vie éternelle* demeurant en lui. Voici comment nous avons reconnu l'amour : lui, Jésus, a donné sa vie pour nous. Nous aussi, nous devons donner notre vie pour nos frères.
Celui qui a de quoi vivre en ce monde, s'il voit son frère dans le besoin sans faire preuve de compassion, comment l'amour de Dieu pourrait-il demeurer en lui ? Petits enfants, n'aimons pas en paroles ni par des discours, mais par des actes et en vérité. Voilà comment nous reconnaîtrons que nous appartenons à la vérité, et devant Dieu nous apaiserons notre cœur ; car si notre cœur nous accuse, Dieu est plus grand que notre cœur, et il connaît toutes choses.
Bien-aimés, si notre cœur ne nous accuse pas, nous avons de l'assurance devant Dieu. – Parole du Seigneur

Psaume 99 (100)

℟ ***Acclamez le Seigneur, terre entière !***

Acclamez le Seigneur, terre entière,
servez le Seigneur dans l'allégresse,
venez à lui avec des chants de joie ! ℟

Reconnaissez que le Seigneur est Dieu :
il nous a faits, et nous sommes à lui,
nous, son peuple, son troupeau. ℟

Venez dans sa maison lui rendre grâce,
dans sa demeure chanter ses louanges ;
rendez-lui grâce et bénissez son nom ! ℟

Oui, le Seigneur est bon,
éternel est son amour,
sa fidélité demeure d'âge en âge. ℟

Acclamation de l'Évangile

Alléluia. Alléluia. Aujourd'hui la lumière a brillé sur la terre. Peuples de l'univers, entrez dans la clarté de Dieu. Venez tous adorer le Seigneur ! ***Alléluia.***

Évangile de Jésus Christ

selon saint Jean (1, 43-51)

« C'est toi le Fils de Dieu ! C'est toi le roi d'Israël ! »

En ce temps-là, Jésus décida de partir pour la Galilée. Il trouve Philippe, et lui dit : « Suis-moi. » Philippe était de Bethsaïde, le village d'André et de Pierre. Philippe trouve Nathanaël et lui dit : « Celui dont il est écrit dans la loi de Moïse et chez les Prophètes, nous l'avons trouvé : c'est Jésus fils de Joseph, de Nazareth. » Nathanaël répliqua : « De Nazareth peut-il sortir quelque chose de bon ? » Philippe répond : « Viens, et vois. »

Lorsque Jésus voit Nathanaël venir à lui, il déclare à son sujet : « Voici vraiment un Israélite : il n'y a pas de ruse en lui. » Nathanaël lui demande : « D'où me connais-tu ? » Jésus lui répond : « Avant que Philippe t'appelle, quand tu étais sous le figuier, je t'ai vu. » Nathanaël lui dit : « Rabbi, c'est toi le Fils de Dieu ! C'est toi le roi d'Israël ! » Jésus reprend : « Je te dis que je t'ai vu sous le figuier, et c'est pour cela que tu crois ! Tu verras des choses plus grandes encore. »

Et il ajoute : « Amen, amen, je vous le dis : vous verrez le ciel ouvert, et les anges de Dieu monter et descendre au-dessus du Fils de l'homme. »

Prière sur les offrandes

Reçois favorablement, Seigneur, les dons présentés par ton peuple : que tous obtiennent par tes sacrements ce qu'ils proclament dans la ferveur de la foi. Par le Christ, notre Seigneur. – ***Amen.***

Préface de la Nativité, p. 235.

Antienne de la communion

Voici comment l'amour de Dieu
s'est manifesté parmi nous :
Dieu a envoyé son Fils unique
dans le monde pour
que nous vivions par lui.
(1 Jn 4, 9)

Prière après la communion

Seigneur Dieu, toi qui viens jusqu'à nous quand nous participons à ce sacrement, produis en nos cœurs les fruits de ce mystère, pour que tes propres dons nous préparent à recevoir ce que tu nous donnes. Par le Christ, notre Seigneur. – ***Amen.***

INVITATION

Le temps de Noël nous annonce la Résurrection. Suivre l'étoile, c'est suivre le Christ vers les « cieux ouverts ». Avec foi, je prie pour mes proches défunts.

COMMENTAIRE

À ciel ouvert

Jean 1, 43-51

Jésus « ouvre les cieux » : nous pouvons désormais nous avancer « avec assurance vers le Trône de la grâce pour obtenir miséricorde » (He 4, 16). Mais avancer avec assurance n'équivaut pas à mettre la main sur Dieu, comme ont tenté de le faire Adam et Ève en se saisissant de l'arbre d'une connaissance binaire (Rabbi Leiner, XIXe s.) qui fabrique un Dieu prévisible, à la mesure de l'homme. N'est-ce pas à une expérience toujours ouverte sur l'insaisissable que nous invite Jésus ? ■

***Emmanuelle Billoteau,** ermite*

❊ CLÉ DE LECTURE

« La vie éternelle »

1 Jean 3, 15 *(p. 33)*

Nous espérons toujours la vie éternelle pour une autre vie, après notre mort. La lettre de Jean la situe tout autrement : il s'agit d'une vie actuelle qui, déjà, demeure en nous. Le texte est clair : « Nous savons que nous sommes passés de la mort à la vie. » Le verbe grec est employé au parfait, il exprime le résultat actuel, désormais acquis, d'une action passée. Dès lors, la vie éternelle se vit aujourd'hui, au présent. Mais à quoi pouvons-nous la reconnaître ? La réponse tient en un mot : l'amour. Celui que nous portons à nos frères et sœurs, à chacun de ceux qui nous sont proches ou dont nous nous approchons. Le texte peut alors oser le paradoxe : avoir la vie éternelle c'est donner sa vie pour des frères, sans condition, comme Jésus l'a fait pour nous. ■

***Roselyne Dupont-Roc,** bibliste*

SAMEDI 6 JANVIER 2024

TEMPS DE NOËL COULEUR LITURGIQUE : BLANC

Férie du temps de Noël avant l'Épiphanie

Antienne d'ouverture

Dieu a envoyé son Fils, né d'une femme,
pour que nous soyons adoptés comme fils.
(Ga 4, 4-5)

Prière

Dieu éternel et tout-puissant, par l'avènement de ton Fils unique, tu as bien voulu rayonner d'une lumière nouvelle ; puisque nous l'avons vu prendre un corps comme le nôtre, en devenant l'enfant de la Vierge, accorde-nous d'avoir part à la grâce dans son Royaume. Lui qui… — ***Amen.***

Lecture

de la première lettre de saint Jean (5, 5-13)

« L'Esprit, l'eau et le sang »

Bien-aimés, qui donc est vainqueur du monde ? N'est-ce pas celui qui croit que Jésus est le Fils de Dieu ? C'est lui, Jésus Christ, qui est venu par l'eau et par le sang : non pas seulement avec l'eau, mais avec l'eau et avec le sang. Et celui qui rend témoignage, c'est l'Esprit, car l'Esprit est la vérité. En effet, ils sont trois qui rendent témoignage, l'Esprit, l'eau et le sang, et les trois n'en font qu'un. Nous acceptons bien le témoignage

des hommes ; or, le témoignage de Dieu a plus de valeur, puisque le témoignage de Dieu, c'est celui qu'il rend à son Fils. Celui qui met sa foi dans le Fils de Dieu possède en lui-même ce témoignage. Celui qui ne croit pas Dieu, celui-là fait de Dieu un menteur, puisqu'il n'a pas mis sa foi dans le témoignage que Dieu rend à son Fils. Et ce témoignage, le voici : Dieu nous a donné la vie éternelle, et cette vie est dans son Fils. Celui qui a le Fils possède la vie ; celui qui n'a pas le Fils de Dieu ne possède pas la vie. Je vous ai écrit cela pour que vous sachiez que vous avez la vie éternelle, vous qui mettez votre foi dans le nom du Fils de Dieu. – Parole du Seigneur

Psaume 147 (147B)

℟ ***Glorifie le Seigneur, Jérusalem ! Célèbre ton Dieu, ô Sion !***
OU ***Alléluia !***

Glorifie le Seigneur, Jérusalem !
Célèbre ton Dieu, ô Sion !
Il a consolidé les barres de tes portes,
dans tes murs il a béni tes enfants. ℟

Il fait régner la paix à tes frontières,
et d'un pain de froment te rassasie.
Il envoie sa parole sur la terre :
rapide, son verbe la parcourt. ℟

Il révèle sa parole à Jacob,
ses volontés et ses lois à Israël.
Pas un peuple qu'il ait ainsi traité ;
nul autre n'a connu ses volontés. ℟

Acclamation de l'Évangile

Alléluia. Alléluia. Le ciel s'est ouvert, la voix du Père a retenti : « Celui-ci est mon Fils bien-aimé : écoutez-le ! » ***Alléluia.***

Évangile de Jésus Christ

selon saint Marc (1, 7-11)

« Tu es mon Fils bien-aimé ; en toi, je trouve ma joie »

En ce temps-là, Jean le Baptiste proclamait : « Voici venir derrière moi celui qui est plus fort que moi ; je ne suis pas digne de m'abaisser pour défaire la courroie de ses sandales. Moi, je vous ai baptisés avec de l'eau ; lui vous baptisera dans l'Esprit Saint. » En ces jours-là, Jésus vint de Nazareth, ville de Galilée, et il fut baptisé par Jean dans le Jourdain. Et aussitôt, en remontant de l'eau, il vit les cieux se déchirer et l'Esprit descendre sur lui comme une colombe. Il y eut une voix venant des cieux : « Tu es mon Fils bien-aimé ; en toi, je trouve ma joie. »

On peut aussi lire Luc 3, 23-38.

Prière sur les offrandes

Seigneur Dieu, source de la piété véritable et de la paix, nous t'en prions, accorde-nous d'honorer dignement ta gloire par cette offrande ; que, dans la participation fidèle aux saints mystères, nous prenions davantage conscience de notre unité. Par le Christ, notre Seigneur. — ***Amen.***

Préface de la Nativité, p. 235.

Antienne de la communion

Tous, nous avons eu part
à la plénitude du Christ,
et reçu grâce après grâce.
(cf. Jn 1, 16)

Prière après la communion

Ton peuple, Seigneur, a besoin de multiples secours pour sa traversée d'ici-bas; que ta tendresse lui accorde ceux de la vie présente comme ceux de la vie future : trouvant alors le réconfort nécessaire dans les choses qui passent, il recherchera les biens éternels avec plus de confiance. Par le Christ, notre Seigneur. — ***Amen.***

INVITATION

Et si je partageais ou donnais une galette des rois, en annonçant que Jésus est né ?

COMMENTAIRE

En temps et lieu

Marc 1, 7-11

En cette veille d'Épiphanie, Marc nous parle du baptême du Christ, l'une des trois manifestations célébrées traditionnellement lors de cette fête, comme l'indique l'antienne du Magnificat des secondes vêpres. Visite des mages, changement de l'eau en vin à Cana, baptême au Jourdain formant un triptyque que la liturgie nous invite à méditer. Trois « lieux » où se révèle, dans sa grandeur et sa petitesse consentie, le Fils « bien-aimé » du Père, celui en qui il a mis « toute sa joie ». ■

Emmanuelle Billoteau*, ermite*

DIMANCHE 7 JANVIER 2024

ÉPIPHANIE DU SEIGNEUR

ANNÉE B – COULEUR LITURGIQUE : BLANC

« Tombant à ses pieds, ils se prosternèrent devant lui. » Matthieu 2, 11

7-13

« Ils se réjouirent d'une très grande joie. » Admirer un nouveau-né nous comble de bonheur. Que dire quand il s'agit du Messie, du Fils de Dieu, de cette étoile qui brille dans les ténèbres ? Avec les mages, mettons-nous en route, allons à la rencontre du Sauveur. Accueillons son amour. Dans nos chemins de solitude, de souffrance, d'incompréhensions, laissons-nous guider par sa divine lumière.

RITES INITIAUX

Chant d'entrée *(Suggestions p. 259)*
OU
Antienne d'ouverture
Voici venir le Seigneur souverain ;
il tient en main la royauté,
la puissance et l'empire.
(cf. Ml 3, 1 ; 1 Ch 29, 12)

Suggestion de préparation pénitentielle *(ou p. 229)*
Frères et sœurs, en ce jour où nous fêtons la rencontre des mages avec l'Enfant Dieu, préparons-nous à célébrer le mystère de l'eucharistie en reconnaissant que nous sommes pécheurs.

Prends pitié de nous, Seigneur, toi qui délivres le malheureux sans recours.
— Nous avons péché contre toi.
Montre-nous, ta miséricorde, ô Jésus, toi l'Emmanuel.
— Et donne-nous ton salut.

Que Dieu tout-puissant nous fasse miséricorde ; qu'il nous pardonne nos péchés et nous conduise à la vie éternelle.
— Amen.

Gloire à Dieu *(p. 231)*

Prière
Aujourd'hui, Seigneur Dieu, tu as révélé ton Fils unique aux nations, grâce à l'étoile qui les guidait ; accorde-nous dans ta bonté, à nous qui te connaissons déjà par la foi, d'être conduits jusqu'à la claire vision de ta splendeur. Par Jésus… – ***Amen.***

LITURGIE DE LA PAROLE

Lecture du livre du prophète Isaïe (60, 1-6)

« La gloire du Seigneur s'est levée sur toi »

Debout, Jérusalem, resplendis ! Elle est venue, ta lumière, et la gloire du Seigneur s'est levée sur toi. Voici que les ténèbres couvrent la terre, et la nuée obscure couvre les peuples. Mais sur toi se lève le Seigneur, sur toi sa gloire apparaît. Les nations marcheront vers ta lumière, et les rois, vers la clarté de ton aurore. Lève les yeux alentour, et regarde : tous, ils se rassemblent, ils viennent vers toi ; tes fils reviennent de loin, et tes filles sont portées sur la hanche. Alors tu verras, tu seras radieuse, ton cœur frémira et se dilatera. Les trésors d'au-delà des mers afflueront vers toi, vers toi viendront les richesses des nations. En grand nombre, des chameaux t'envahiront, de jeunes chameaux de Madiane et d'Épha. Tous les gens de Saba viendront, apportant l'or et l'encens ; ils annonceront les exploits du Seigneur.

– Parole du Seigneur.

Psaume 71 (72)

℟ ***Toutes les nations, Seigneur, se prosterneront devant toi.***

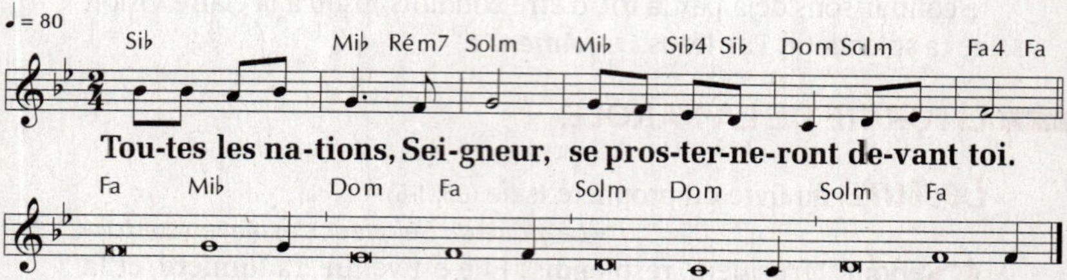

T. : AELF ; M. : J.-P. Hervy ; Éd. : ADF.

Dieu, donne au roi tes pouvoirs,
à ce fils de roi ta justice.
Qu'il gouverne ton peuple avec justice,
qu'il fasse droit aux malheureux ! ℟

En ces jours-là, fleurira la justice,
grande paix jusqu'à la fin des lunes !
Qu'il domine de la mer à la mer,
et du Fleuve jusqu'au bout de la terre ! ℟

Retrouvez ce psaume sur le CD "Les psaumes de l'année B"

Les rois de Tarsis et des Îles apporteront des présents.
Les rois de Saba et de Seba feront leur offrande.
Tous les rois se prosterneront devant lui,
tous les pays le serviront. ℟

Il délivrera le pauvre qui appelle
et le malheureux sans recours.
Il aura souci du faible et du pauvre,
du pauvre dont il sauve la vie. ℟

Lecture de la lettre de saint Paul apôtre aux Éphésiens (3, 2-3a.5-6)

« Il est maintenant révélé que les nations sont associées au même héritage, au partage de la même promesse »

Frères, vous avez appris, je pense, en quoi consiste la grâce que Dieu m'a donnée pour vous : par révélation, il m'a fait connaître le mystère. Ce mystère n'avait pas été porté à la connaissance des hommes des générations passées, comme il a été révélé maintenant à ses saints Apôtres et aux prophètes, dans l'Esprit. Ce mystère, c'est que toutes les nations sont associées au même héritage, au même corps, au partage de la même promesse, dans le Christ Jésus, par l'annonce de l'Évangile.
– Parole du Seigneur.

Acclamation de l'Évangile

Alléluia. Alléluia. Nous avons vu son étoile à l'orient, et nous sommes venus adorer le Seigneur. ***Alléluia.***

T. : AELF; M. : P. Robert.

Évangile de Jésus Christ selon saint Matthieu (2, 1-12)

Nous sommes venus d'Orient adorer le roi

Jésus était né à Bethléem en Judée, au temps du roi Hérode le Grand. Or, voici que des mages venus d'Orient arrivèrent à Jérusalem et demandèrent : « Où est le roi des Juifs qui vient de naître ? Nous avons vu son étoile à l'orient et nous sommes venus nous prosterner devant lui. » En apprenant cela, le roi Hérode fut bouleversé, et tout Jérusalem avec lui. Il réunit tous les grands prêtres et les scribes du peuple, pour leur demander où devait naître le Christ. Ils lui répondirent : « À Bethléem en Judée, car voici ce qui est écrit par le prophète : *Et toi, Bethléem, terre de Juda, tu n'es certes pas le dernier parmi les chefs-lieux de Juda, car de toi sortira un chef, qui sera le berger de mon peuple Israël.* » Alors Hérode convoqua les mages en secret pour leur faire préciser à quelle date l'étoile était apparue ; puis il les envoya à Bethléem, en leur disant : « Allez vous renseigner avec précision sur l'enfant. Et quand vous l'aurez trouvé, venez me l'annoncer pour que j'aille, moi aussi, me prosterner devant lui. » Après avoir entendu le roi, ils partirent.

Et voici que l'étoile qu'ils avaient vue à l'orient les précédait, jusqu'à ce qu'elle vienne s'arrêter au-dessus de l'endroit où se trouvait l'enfant. Quand ils virent l'étoile, ils se réjouirent d'une très grande joie. Ils entrèrent dans la maison, ils virent l'enfant avec Marie sa mère ; et, tombant à ses pieds, ils se prosternèrent devant lui. Ils ouvrirent leurs coffrets, et lui offrirent leurs présents : de l'or, de l'encens et de la myrrhe.

Mais, avertis en songe de ne pas retourner chez Hérode, ils regagnèrent leur pays par un autre chemin.

Annonce de Pâques et des fêtes mobiles

Le jour de l'Épiphanie du Seigneur, après le chant de l'Évangile, le diacre ou un chantre peut proclamer depuis l'ambon, selon un usage ancien de l'Église, les fêtes mobiles de l'année en cours selon la formule suivante :

Vous le savez, frères et sœurs bien-aimés : à l'invitation de la miséricorde de Dieu, nous nous sommes réjouis de la Nativité de notre Seigneur Jésus Christ ; de même, nous vous annonçons la joie de la Résurrection de notre Sauveur. Le mercredi des Cendres, commencera l'entraînement du Carême le 14 février. Vous célébrerez dans la joie la sainte Pâque de notre Seigneur Jésus Christ le dimanche 31 mars. L'Ascension de notre Seigneur Jésus Christ sera fêtée le 9 mai. La Pentecôte sera fêtée le 19 mai. La fête du Corps et du Sang du Christ aura lieu le 2 juin. Le dimanche 1er décembre sera le premier dimanche de l'Avent de notre Seigneur Jésus Christ, à qui soient l'honneur et la gloire, pour les siècles des siècles.

— Amen.

Homélie

Profession de foi (p. 232)

Suggestion de prière universelle

Le prêtre :

En ce jour de l'Épiphanie, nous honorons la rencontre de l'Enfant Dieu avec des mages venus d'Orient. En toute confiance, tournons-nous vers Dieu Père, prions-le pour toutes les nations.

℟ ***Accueille au creux de tes mains la prière de tes enfants.***

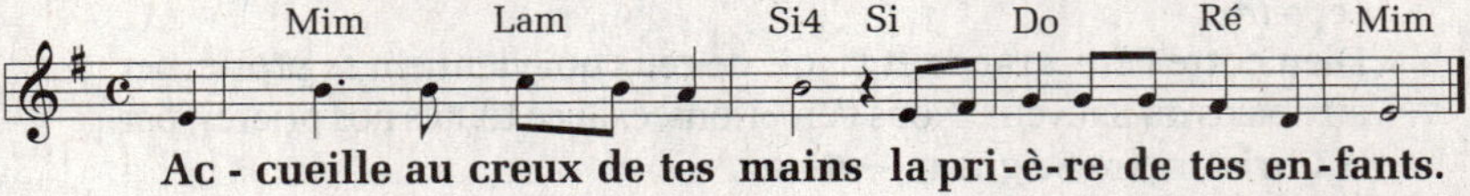

Y24-61 ; P. et M. G. Gafah ; Le Triforium.

Le diacre ou un lecteur :

Pour notre Église, afin qu'elle soit habitée par la joie de la Bonne Nouvelle et qu'elle ne cesse de partager ce bonheur avec toutes les nations. Avec Marie et Joseph au pied de l'enfant, prions le Seigneur. ℟

Pour nos responsables politiques, afin que, tout au long de cette année nouvelle, ils œuvrent à la paix dans le monde, et qu'ils aient le souci des personnes les plus fragiles. Avec les bergers, prions le Seigneur. ℟

Pour les hommes et les femmes en quête de sens, afin que la vérité se dévoile à leurs yeux, et que l'étoile divine les guide vers le bonheur de la Bonne Nouvelle. Avec les mages venus d'Orient, prions le Seigneur. ℟

℟ ***Accueille au creux de tes mains la prière de tes enfants.***

Pour notre communauté rassemblée, afin que l'Esprit nous aide à reconnaître les charismes de chacun, et la richesse des autres traditions rituelles de l'Église catholique. Prions le Seigneur. ℟

(Ces intentions seront adaptées ou modifiées selon les circonstances.)

Le prêtre :

Dieu notre Père, grande et la joie de ceux qui viennent se prosterner aux pieds du Sauveur. Nous t'en prions, exauce toutes nos prières, par le Christ, notre Seigneur. – ***Amen.***

LITURGIE EUCHARISTIQUE

Prière sur les offrandes

Regarde avec bonté, nous t'en prions, Seigneur, les dons de ton Église qui ne t'offre plus ni l'or, ni l'encens, ni la myrrhe, mais celui que ces présents révélaient, qui s'immole et se donne en nourriture : Jésus, le Christ. Lui qui… – ***Amen.***

Prière eucharistique *(Préface de l'Épiphanie)*

Vraiment, il est juste et bon, pour ta gloire et notre salut, de t'offrir notre action de grâce, toujours et en tout lieu, Seigneur, Père très saint, Dieu éternel et tout-puissant. Aujourd'hui tu as dévoilé dans le Christ le mystère de notre salut pour que tous les peuples en soient

illuminés ; et quand le Christ s'est manifesté dans notre nature mortelle, tu nous as renouvelés par la gloire de son immortalité. C'est pourquoi, avec les anges et les archanges, avec les puissances d'en haut et tous les esprits bienheureux, nous chantons l'hymne de ta gloire et sans fin nous proclamons :
Saint ! Saint ! Saint…

Chant de communion

(Suggestions p. 259)

OU

Antienne de la communion

Nous avons vu son étoile à l'orient
et nous sommes venus avec des présents
adorer le Seigneur.
(cf. Mt 2, 2)

Prière après la communion

Que la clarté d'en haut, nous t'en prions, Seigneur, nous devance toujours et partout, afin que nous puissions contempler d'un regard pur et accueillir dans un cœur aimant le mystère auquel tu as voulu nous faire participer. Par le Christ, notre Seigneur. ***— Amen.***

RITE DE CONCLUSION

Bénédiction solennelle

Dieu vous a appelés des ténèbres à son admirable lumière ; dans sa bonté, qu'il répande sur vous sa bénédiction, qu'il établisse vos cœurs dans la foi, l'espérance et la charité.

— *Amen.*

Aujourd'hui, le Christ, lumière qui luit dans les ténèbres, s'est manifesté au monde ; puisque vous le suivez avec confiance, qu'il vous donne d'être, vous aussi, lumière pour vos frères.

— *Amen.*

Quand vous serez au terme de votre pèlerinage, puissiez-vous rejoindre celui que les mages, conduits par l'étoile, ont cherché et trouvé avec grande joie : le Christ Seigneur, lumière née de la lumière.

— *Amen.*

Et que la bénédiction de Dieu tout-puissant, le Père, et le Fils, + et le Saint-Esprit, descende sur vous et y demeure toujours.

— *Amen.*

Envoi

COMMENTAIRE DU DIMANCHE

Anne Da, xavière

L'extraordinaire dans l'ordinaire

Au cœur des ténèbres de l'humanité s'est levée une grande lumière. L'Enfant Dieu, annoncé au peuple d'Israël par les prophètes, naît de nuit. Le faire-part de naissance du Seigneur parvient aux nations par des mages en Orient. Ceux qui scrutent le ciel au creux de la nuit y discernent une lumière qui se distingue des autres : elle dure, les oriente, les conduit. Ils se mettent en route en hâte, non en suivant l'itinéraire d'un GPS, mais à la lumière d'une étoile. Ils ignorent que ce chemin sera semé d'embûches : apprenant la naissance du Prince-de-la-Paix, le roi Hérode est saisi d'une jalousie qui menace la vie de l'Enfant. Ils offrent l'or, l'encens, symboles de la royauté de l'Enfant, et la myrrhe qui annonce la Passion et la mort. Ce sont des païens qui nomment l'Enfant « roi des Juifs », titre qui •••

••• sera gravé sur l'écriteau de la Croix de Jésus ayant pris corps pour sauver toute l'humanité. Ce signe fragile d'une naissance atteste de l'extraordinaire qui survient dans l'ordinaire de la vie d'un peuple. Le mystère annoncé par les Écritures a été dévoilé, révélé à Paul, ouvrant à la communauté d'Éphèse et à nous-mêmes, aujourd'hui, l'intelligence de l'événement.
La naissance attendue réalise et accomplit le projet de Dieu : « Toutes les nations sont associées au même héritage, au même corps, au partage de la même promesse, dans le Christ Jésus, par l'annonce de l'Évangile. »

Ai-je fait l'expérience d'être guidé par une lumière intérieure qui m'a conduit vers le Seigneur ?
La parole de Dieu vient-elle me donner d'expérimenter et de manifester la fraternité dans mon quotidien ? ■

CE QUE JE DÉCOUVRE

Les mages sont venus de l'autre bout du monde pour voir l'Enfant Jésus. Leur voyage et leurs cadeaux montrent l'importance de ce nouveau-né. Le roi Hérode, lui-même, a peur de ce bébé, qui est Dieu fait homme pour sauver son peuple. **Le règne de Jésus arrive.** Après avoir rencontré l'Enfant Dieu, les mages repartent par un autre chemin. Dieu les guide !

CE QUE JE VIS

Quel cadeau peux-tu faire à Jésus pour lui montrer que tu l'aimes ? Quelles sont les étoiles, les personnes, les images qui te guident vers Jésus ?

Dans ta prière, dis à Jésus le cadeau que tu lui fais. Puis écoute-le avec attention : Dieu te montre le chemin.

Texte : Benoît Gschwind. Illustrations : Marcelino Truong

MÉDITATION BIBLIQUE

ÉPIPHANIE DU SEIGNEUR

Livre du prophète Isaïe 60, 1-6 ; Évangile selon saint Matthieu 2, 1-12

De promesse en accomplissement

Entre la prophétie d'Isaïe et la visite des mages, le peuple de Dieu a pu avoir l'impression d'être abandonné : « Pourquoi, Dieu, nous rejeter sans fin ? » (Ps 73, 1). La lumière promise se lève, non seulement pour Israël mais aussi pour les nations.

Le temps de la préparation

« Rendez grâce au Seigneur, [...] glorifiez-vous de son nom très saint : joie pour les cœurs qui cherchent Dieu ! » (P 104, 1.3)

Le temps de l'observation

Isaïe annonce à son peuple la fin de ses malheurs en termes de lumière et de gloire de Dieu. Israël a manifestement une place privilégiée. Cela étant, l'aspect universel du don qui lui est fait se manifeste dans la venue des peuples d'Orient et de leurs trésors. Cette prophétie trouve un accomplissement dans le récit de Matthieu. Remarquons toutefois un déplacement : Dieu a choisi de se rendre présent non pas à Jérusalem, la capitale religieuse, mais à Bethléem, une simple bourgade ; non dans un événement grandiose, telle la sortie d'Égypte, mais dans la personne d'un nouveau-né. La promesse s'incarne donc dans une trame historique a priori sans grandeur et sans éclat. Quant aux trésors des nations, ils arrivent par le biais de trois hommes à l'équipage discret. Enracinement dans un peuple particulier – Israël – et universalité de la révélation nous sont donnés à contempler.

Le temps de la méditation

Isaïe, comme Matthieu, nous parle d'une révélation offerte à tous. Isaïe sait que les bénédictions dont Israël est l'objet sont appelées à rejaillir sur tous les peuples : « En toi seront bénies toutes les familles de la terre » (Gn 12, 3). Comment en effet se réjouir du salut si ceux qui nous entourent restent dans les ténèbres ? Toute expérience de Dieu n'a-t-elle pas pour vocation d'être partagée, non pour contraindre autrui à entrer dans nos convictions, mais pour témoigner de ce que Dieu offre à tous ? À noter également cet appel à ne pas chercher Dieu dans ce qui brille à la manière du monde, mais dans un quotidien dont le « merveilleux » se situe dans la rencontre et la profondeur de ce que chacun apporte pour honorer le Christ, à travers autrui – le Christ reconnu comme Dieu (encens), comme Roi (l'or), comme celui qui est mort sur la Croix pour notre salut (myrrhe).

Le temps de la prière

« Venez, adorons et prosternons-nous devant le Christ lui-même, notre Roi et notre Dieu. » (Liturgie orthodoxe)

Emmanuelle Billoteau, ermite

PARTAGE BIBLIQUE

Environ 45 minutes

Une bible ou Prions en Église, *page 45*

LE PARTAGE D'UNE MÊME PROMESSE (EP 3, 2-3A.5-6)

Lire

Nous commençons l'année en nous réjouissant d'apprendre que toutes les nations seront associées au partage d'une même promesse.

Comprendre le texte

Le mot « mystère » pourrait venir de la racine « fermer », « avoir bouche close », et désigner le lieu où se communiquaient les secrets des religions à mystère, puis ces secrets eux-mêmes. Dans les livres de la Sagesse et surtout de Daniel, Dieu veut que ses mystères soient connus. Il ne s'agit pas d'une connaissance élitiste mais d'une annonce aux petits et aux humbles auxquels il révèle son projet de salut. Car les hommes sont incapables de le connaître par eux-mêmes ni de le comprendre sans un interprète. Ce mystère a été révélé et confié aux Apôtres et aux prophètes, chargés de le faire connaître au monde. Sa connaissance se fera donc toujours en référence à eux ; son contenu sera apostolique. Ce mystère consiste dans la participation des nations au même héritage, au même corps et à la même promesse dans le Christ Jésus, par le moyen de l'Évangile. Pour Paul, ce mystère est connu par l'Église, par son union au Christ Tête. L'Église fait donc partie du message. L'auteur invite à bannir toute peur : en Jésus Christ nous avons foi, assurance et confiance pour nous approcher de Dieu.

Partager

- Que représente l'Église dans ma vie de foi ?
- Quel rôle est-ce que je lui reconnais dans la vie du monde ?
- Quels défis souhaiterais-je voir l'Église relever cette année ?
- Quelle place prennent les croyants d'autres religions dans ma vie spirituelle ?

Prier

Un chant marque notre espérance et notre joie :
Debout, resplendis (p. 266). ■

Sylvain Gasser, prêtre assomptionniste

Une prière *de Pierre Charland, pour ce dimanche*

Avec les trois sages d'Orient

Seigneur Jésus, ta naissance me comble de joie !
Avec les trois sages d'Orient, je viens me prosterner
devant toi pour te dire mon émerveillement
devant le don de ta vie.
En ce début d'année, je t'offre moi aussi un présent :
celui de ma foi et de ma confiance.
Conduis-moi jusqu'à toi,
comme l'a fait l'étoile pour les mages.
Garde-moi de la violence et du mensonge,
et inspire-moi une action de grâce
pour la grandeur de ta Création.
Guide-moi par ta lumière et revêts-moi de ta paix.
Remplis mon cœur de ton Esprit et rends-le fidèle
à ton Évangile. Je veux construire avec toi
un monde d'espérance et d'amour !

LUNDI 8 JANVIER 2024

TEMPS DE NOËL COULEUR LITURGIQUE : BLANC

Baptême du Seigneur

Antienne d'ouverture

Dès que Jésus fut baptisé,
les cieux s'ouvrirent :
l'Esprit, comme une colombe, reposa sur lui.
Et la voix du Père retentit :
« Celui-ci est mon Fils bien-aimé
en qui je trouve ma joie. »
(cf. Mt 3, 16-17)

Gloire à Dieu (p. 231)

Prière

Dieu éternel et tout-puissant, quand le Christ fut baptisé dans le Jourdain, et que l'Esprit Saint descendit sur lui, tu l'as manifesté solennellement comme ton Fils bien-aimé ; accorde à tes enfants d'adoption, qui ont reçu la nouvelle naissance de l'eau et de l'Esprit, d'être toujours fidèles à ce qui te plaît. Par Jésus… – ***Amen.***

OU

Seigneur Dieu, c'est dans la réalité de notre chair que ton Fils unique est apparu ; puisqu'à son aspect extérieur, nous l'avons reconnu semblable à nous, fais que par lui nous soyons intérieurement transformés. Lui qui… – ***Amen.***

Lectures propres à la fête du Baptême du Seigneur.

Lecture

de la première lettre de saint Jean (5, 1-9)

« L'Esprit, l'eau et le sang »

Bien-aimés, celui qui croit que Jésus est le Christ, celui-là est né de Dieu ; celui qui aime le Père qui a engendré aime aussi le Fils qui est né de lui. Voici comment nous reconnaissons que nous aimons les enfants de Dieu : lorsque nous aimons Dieu et que nous accomplissons ses commandements. Car tel est l'amour de Dieu : garder ses commandements ; et ses commandements ne sont pas un fardeau, puisque tout être qui est né de Dieu est vainqueur du monde. Or la victoire remportée sur le monde, c'est notre foi. Qui donc est vainqueur du monde ? N'est-ce pas celui qui croit que Jésus est le Fils de Dieu ? C'est lui, Jésus Christ, qui est venu par l'eau et par le sang : non pas seulement avec l'eau, mais avec l'eau et avec le sang. Et celui qui rend témoignage, c'est l'Esprit, car l'Esprit est la vérité. En effet, ils sont trois qui rendent témoignage, l'Esprit, l'eau et le sang, et les trois n'en font qu'un. Nous acceptons bien le témoignage des hommes ; or, le témoignage de Dieu a plus de valeur, puisque le témoignage de Dieu, c'est celui qu'il rend à son Fils.
– Parole du Seigneur.

On peut aussi lire Isaïe 55, 1-11.

Cantique Isaïe 12, 2, 4bcd, 5-6

℟ ***Exultant de joie, vous puiserez les eaux aux sources du salut !***

Voici le Dieu qui me sauve :
j'ai confiance, je n'ai plus de crainte.
Ma force et mon chant, c'est le Seigneur ;
il est pour moi le salut. ℟

Rendez grâce au Seigneur,
proclamez son nom,
annoncez parmi les peuples ses hauts faits !
Redites-le : « Sublime est son nom ! » ℟

Jouez pour le Seigneur,
il montre sa magnificence,
et toute la terre le sait.
Jubilez, criez de joie, habitants de Sion,
car il est grand au milieu de toi,
le Saint d'Israël ! ℟

Acclamation de l'Évangile

Alléluia. Alléluia. Voyant Jésus venir à lui, Jean déclara : « Voici l'Agneau de Dieu, qui enlève le péché du monde. » ***Alléluia.***

Évangile de Jésus Christ

selon saint Marc (1, 7-11)

« Tu es mon Fils bien-aimé ; en toi, je trouve ma joie »

En ce temps-là, Jean le Baptiste proclamait : « Voici venir derrière moi celui qui est plus fort que moi ; je ne suis pas digne de m'abaisser pour défaire la courroie de ses sandales. Moi, je vous ai baptisés avec de l'eau ; lui vous baptisera dans l'Esprit Saint. » En ces jours-là, Jésus vint

de Nazareth, ville de Galilée, et il fut baptisé par Jean dans le Jourdain. Et aussitôt, en remontant de l'eau, il vit les cieux se déchirer et l'Esprit descendre sur lui comme une colombe. Il y eut une voix venant des cieux : « Tu es mon Fils bien-aimé ; en toi, je trouve ma joie. »

Prière sur les offrandes

Accueille, Seigneur, les offrandes que nous te présentons en ce jour où nous est révélé ton Fils bien-aimé : que les dons de tes fidèles deviennent ainsi le sacrifice de celui qui, dans sa miséricorde, a voulu laver le monde de ses péchés : Jésus, le Christ. Lui qui… ***— Amen.***

Prière eucharistique

(Préface du Baptême du Seigneur)

Vraiment, il est juste et bon, pour ta gloire et notre salut, de t'offrir notre action de grâce, toujours et en tout lieu, Seigneur, Père très saint, Dieu éternel et tout-puissant. Dans les eaux du Jourdain, tu as préfiguré par d'admirables mystères le baptême nouveau. Une voix venue du ciel atteste que ton Verbe habite parmi les hommes. Par l'Esprit descendu sous l'aspect d'une colombe, le Christ, ton Serviteur, reçoit l'onction d'allégresse : il est reconnu comme le messager de la Bonne Nouvelle aux pauvres. C'est pourquoi, avec les puissances des cieux, nous pouvons te bénir sur la terre et t'adorer sans fin en proclamant : ***Saint ! Saint ! Saint…***

Antienne de la communion

Voici celui dont Jean Baptiste
disait : « Moi, j'ai vu
et je rends témoignage :
c'est lui le Fils de Dieu. »
(cf. Jn 1, 32.34)

Prière après la communion

Rassasiés par ce don sacré, nous implorons ta bonté, Seigneur ; accorde-nous d'écouter fidèlement ton Fils unique, afin de pouvoir être appelés tes fils, et de l'être vraiment. Par le Christ, notre Seigneur. — ***Amen.***

INVITATION

Je fais mémoire de mon baptême et je pense à mon parrain et ma marraine. Je pourrais leur écrire, les appeler ou prier pour eux.

COMMENTAIRE

Nom de baptême Marc 1, 7-11

Jean Baptiste est un veilleur qui proclame la venue d'un plus fort que lui sans connaître son identité. Lorsque Jésus vient de Nazareth au Jourdain, il est baptisé par Jean mais le sens de l'événement est révélé par Dieu lui-même. C'est par Jésus que nous y avons accès. « Aussitôt », un regard d'homme se met à voir l'Esprit descendre des cieux et ses oreilles entendent le Père nommer son Fils « bien-aimé ». Cette perspective est notre joie. ■

***Nicolas Tarralle**, prêtre assomptionniste*

MARDI 9 JANVIER 2024

1RE SEMAINE DU TEMPS ORDINAIRE COULEUR LITURGIQUE : VERT

Temps ordinaire, *suggestion d'oraisons et d'antiennes n° 1*

Antienne d'ouverture

J'ai vu un homme qui siégeait sur un trône élevé ;
la multitude des anges l'adore en chantant d'une seule voix :
« Voici celui dont l'empire a un nom éternel. »

Prière

Aux appels de ton peuple en prière, réponds, Seigneur, en ta tendresse : donne à chacun la claire vision de ce qu'il doit faire et la force de l'accomplir. Par Jésus…
— *Amen.*

Lecture

du premier livre de Samuel (1, 9-20)

« Le Seigneur se souvint d'Anne, et elle enfanta Samuel »

En ces jours-là, Anne se leva, après qu'ils eurent mangé et bu à Silo. Le prêtre Éli était assis sur son siège, à l'entrée du sanctuaire du Seigneur. Anne, pleine d'amertume, se mit à prier le Seigneur et pleura abondamment. Elle fit un vœu en disant : « Seigneur de l'univers ! Si tu veux bien regarder l'humiliation de ta servante, te souvenir de moi, ne pas m'oublier, et me donner un fils, je le donnerai au Seigneur pour toute sa vie, et le rasoir ne passera pas sur sa tête. » Tandis qu'elle prolongeait sa prière devant le Seigneur, Éli observait sa bouche. Anne parlait dans son cœur : seules ses lèvres remuaient, et l'on n'entendait pas sa voix. Éli pensa qu'elle était ivre et lui dit : « Combien de temps vas-tu rester ivre ? Cuve donc ton vin ! » Anne répondit : « Non, mon seigneur, je ne suis qu'une femme affligée, je n'ai bu ni vin ni boisson forte ; j'épanche mon âme devant le Seigneur. Ne prends pas ta servante pour une vaurienne : c'est l'excès de mon chagrin et de mon dépit qui m'a fait prier aussi longtemps. » Éli lui répondit : « Va en paix, et que le Dieu d'Israël t'accorde ce que tu lui as demandé. » Anne dit alors : « Que ta servante trouve grâce devant toi ! » Elle s'en alla, elle se mit à manger, et son visage n'était plus le même.

Le lendemain, Elcana et les siens se levèrent de bon matin. Après s'être prosternés devant le Seigneur, ils s'en retournèrent chez eux, à Rama. Elcana s'unit à Anne sa femme, et le Seigneur se souvint d'elle. Anne conçut et, le temps venu, elle enfanta un fils ; elle lui donna le nom de Samuel (c'est-à-dire : Dieu exauce) car, disait-elle, « Je l'ai demandé au Seigneur. » – Parole du Seigneur.

Cantique 1 Samuel 2, 1, 4-5ab, 6-7, 8abcd

℟ ***Mon cœur exulte à cause du Seigneur : il donne le salut.***

Mon cœur exulte à cause du Seigneur ;
mon front s'est relevé grâce à mon Dieu !
Face à mes ennemis, s'ouvre ma bouche :
oui, je me réjouis de ton salut ! ℟

L'arc des forts est brisé,
mais le faible se revêt de vigueur.
Les plus comblés s'embauchent pour du pain,
et les affamés se reposent. ℟

Le Seigneur fait mourir et vivre ;
il fait descendre à l'abîme et en ramène.
Le Seigneur rend pauvre et riche ;
il abaisse et il élève. ℟

De la poussière il relève le faible,
il retire le malheureux de la cendre
pour qu'il siège parmi les princes
et reçoive un trône de gloire. ℟

Acclamation de l'Évangile

Alléluia. Alléluia. Accueillez la parole de Dieu pour ce qu'elle est réellement : non pas une parole d'hommes, mais la parole de Dieu. ***Alléluia.***

Évangile de Jésus Christ

selon saint Marc (1, 21-28)

« Il enseignait en homme qui a autorité »

Jésus et ses disciples entrèrent à Capharnaüm. Aussitôt, le jour du sabbat, il se rendit à la synagogue, et là, il enseignait. On était frappé par son enseignement, car il enseignait en homme qui a autorité*, et non pas comme les scribes. Or, il y avait dans leur synagogue un homme tourmenté par un esprit impur, qui se mit à crier : « Que nous veux-tu, Jésus de Nazareth ? Es-tu venu pour nous perdre ? Je sais qui tu es : tu es le Saint de Dieu. » Jésus l'interpella vivement : « Tais-toi ! Sors de cet homme. » L'esprit impur le fit entrer en convulsions, puis, poussant un grand cri, sortit de lui. Ils furent tous frappés de stupeur et se demandaient entre eux : « Qu'est-ce que cela veut dire ? Voilà un enseignement nouveau, donné avec autorité ! Il commande même aux esprits impurs, et ils lui obéissent. » Sa renommée se répandit aussitôt partout, dans toute la région de la Galilée.

Prière sur les offrandes

Que l'offrande de ton peuple te soit agréable, nous t'en prions, Seigneur : qu'elle le fasse grandir en sainteté, et lui obtienne ce qu'il demande avec ferveur. Par le Christ, notre Seigneur. — ***Amen.***

Antienne de la communion

Seigneur, en toi est la source
de vie ; par ta lumière,
nous voyons la lumière.
(Ps 35, 10)

OU

Je suis venu pour qu'ils aient
la vie, la vie en abondance,
dit le Seigneur.
(Jn 10, 10)

Prière après la communion

Dieu tout-puissant, nous t'en supplions : tu refais nos forces par tes sacrements, donne-nous aussi de pouvoir dignement te servir par une vie qui te plaise. Par le Christ, notre Seigneur. — ***Amen.***

INVITATION

Je pourrais noter l'antienne du cantique de Samuel sur un papier et le glisser dans mon portefeuille.

COMMENTAIRE

Confiance et défiance Marc 1, 21-28

Avec Jésus, la perspective radicalement nouvelle de Dieu devient un enseignement humain. Et sa parole guérit l'homme tourmenté. Elle sauve le monde. L'esprit impur illustre a contrario le péché contre l'Esprit Saint : il associe la sainteté de Dieu à la perdition. Sa connaissance est défigurée par la défiance. La sainteté, venue de Dieu, est amour et vérité. Notre salut et notre paix sont confiance. ■

***Nicolas Tarralle**, prêtre assomptionniste*

✣ CLÉ DE LECTURE

« Autorité » Marc 1, 22 *(p. 68)*

Ce bref récit du premier exorcisme opéré par Jésus est encadré par la reprise du mot « autorité » (versets 22 et 27) qualifiant son enseignement. Le grec « exousia » exprime une liberté d'agir que l'on tient d'un autre, le fait d'être « autorisé ». L'entourage a bien remarqué que Jésus ne tient pas son autorité des scribes et des savants, son enseignement est nouveau. Le récit va alors donner forme et contenu à cet enseignement : Jésus est reconnu par les esprits mauvais comme le Saint de Dieu, celui que Dieu a invité à partager sa vie, et les puissances du Mal plient devant lui. Telle est l'autorité qu'il reçoit du Père et qu'il met en œuvre, tel est l'enseignement nouveau qu'il dispense : il vient délivrer du Mal tous ceux qui en sont les victimes ou les esclaves. ■

***Roselyne Dupont-Roc**, bibliste*

MERCREDI 10 JANVIER 2024

1RE SEMAINE DU TEMPS ORDINAIRE COULEUR LITURGIQUE : VERT

Temps ordinaire, *suggestion d'oraisons et d'antiennes n° 2*

Antienne d'ouverture

Toute la terre se prosterne devant toi,
qu'elle chante pour toi, qu'elle chante un psaume
pour ton nom, Dieu très-haut. (cf. Ps 65, 4)

Prière

Dieu éternel et tout-puissant, qui régis et le ciel et la terre, exauce, en ta bonté, les supplications de ton peuple et donne à notre temps la paix qui vient de toi. Par Jésus… ***— Amen.***

Lecture

du premier livre de Samuel (3, 1-10.19-20)

« Parle, Seigneur, ton serviteur écoute »

En ces jours-là, le jeune Samuel assurait le service du Seigneur en présence du prêtre Éli. La parole du Seigneur était rare en ces jours-là, et la vision, peu répandue. Un jour, Éli était couché à sa place habituelle – sa vue avait baissé et il ne pouvait plus bien voir. La lampe de Dieu n'était pas encore éteinte. Samuel était couché dans le temple du Seigneur, où se trouvait l'arche de Dieu. Le Seigneur appela Samuel, qui répondit : « Me voici ! » Il courut vers le prêtre Éli, et il dit : « Tu m'as appelé, me voici. »

Éli répondit : « Je n'ai pas appelé. Retourne te coucher. » L'enfant alla se coucher.
De nouveau, le Seigneur appela Samuel. Et Samuel se leva. Il alla auprès d'Éli, et il dit : « Tu m'as appelé, me voici. » Éli répondit : « Je n'ai pas appelé, mon fils. Retourne te coucher. » Samuel ne connaissait pas encore le Seigneur, et la parole du Seigneur ne lui avait pas encore été révélée.
De nouveau, le Seigneur appela Samuel. Celui-ci se leva. Il alla auprès d'Éli, et il dit : « Tu m'as appelé, me voici. » Alors Éli comprit* que c'était le Seigneur qui appelait l'enfant, et il lui dit : « Va te recoucher, et s'il t'appelle, tu diras : “Parle, Seigneur, ton serviteur écoute.” » Samuel alla se recoucher à sa place habituelle. Le Seigneur vint, il se tenait là et il appela comme les autres fois : « Samuel ! Samuel ! » Et Samuel répondit : « Parle, ton serviteur écoute. »
Samuel grandit. Le Seigneur était avec lui, et il ne laissa aucune de ses paroles sans effet. Tout Israël, depuis Dane jusqu'à Bershéba, reconnut que Samuel était vraiment un prophète du Seigneur.
– Parole du Seigneur.

Psaume 39 (40)

℟ ***Me voici, Seigneur, je viens faire ta volonté.***

D'un grand espoir, j'espérais le Seigneur :
il s'est penché vers moi.
Heureux est l'homme
qui met sa foi dans le Seigneur. ℟

Tu ne voulais ni offrande ni sacrifice,
tu as ouvert mes oreilles ;
tu ne demandais ni holocauste ni victime,
alors j'ai dit : « Voici, je viens. ℟

« Dans le livre, est écr**i**t pour moi
ce que tu ve**u**x que je fasse.
Mon Dieu, voil**à** ce que j'aime :
ta loi me ti**e**nt aux entrailles. » ℟

J'ann**o**nce la justice
dans la gr**a**nde assemblée ;
vois, je ne retiens p**a**s mes lèvres,
Seigne**u**r, tu le sais. ℟

Acclamation de l'Évangile

Alléluia. Alléluia. Mes brebis écoutent ma voix, dit le Seigneur ; moi, je les connais, et elles me suivent. ***Alléluia.***

Évangile de Jésus Christ

selon saint Marc (1, 29-39)

« Il guérit beaucoup de gens atteints de toutes sortes de maladies »

En ce temps-là, aussitôt sortis de la synagogue de Capharnaüm, Jésus et ses disciples allèrent, avec Jacques et Jean, dans la maison de Simon et d'André. Or, la belle-mère de Simon était au lit, elle avait de la fièvre. Aussitôt, on parla à Jésus de la malade. Jésus s'approcha, la saisit par la main et la fit lever. La fièvre la quitta, et elle les servait.

Le soir venu, après le coucher du soleil, on lui amenait tous ceux qui étaient atteints d'un mal ou possédés par des démons. La ville entière se pressait à la porte. Il guérit beaucoup de gens atteints de toutes sortes de maladies, et il expulsa beaucoup de démons ; il empêchait les démons de parler, parce qu'ils savaient, eux, qui il était.

Le lendemain, Jésus se leva, bien avant l'aube. Il sortit et se rendit dans un endroit désert, et là il priait. Simon et ceux qui étaient

avec lui partirent à sa recherche. Ils le trouvent et lui disent : « Tout le monde te cherche. » Jésus leur dit : « Allons ailleurs, dans les villages voisins, afin que là aussi je proclame l'Évangile ; car c'est pour cela que je suis sorti. »
Et il parcourut toute la Galilée, proclamant l'Évangile dans leurs synagogues, et expulsant les démons.

Prière sur les offrandes
Accorde-nous, Seigneur, nous t'en prions, de participer dignement à ces mystères, car chaque fois qu'est célébré ce sacrifice en mémorial, c'est l'œuvre de notre rédemption qui s'accomplit. Par le Christ, notre Seigneur. **— *Amen.***

Antienne de la communion
Tu prépares la table pour moi ;
la coupe qui m'enivre,
comme elle est admirable ! (cf. Ps 22, 5)
OU
Nous avons reconnu l'amour
que Dieu a pour nous,
et nous y avons cru. (1 Jn 4, 16)

Prière après la communion
Répands en nous, Seigneur, ton Esprit de charité, afin d'unir dans un même amour ceux que tu as nourris du même pain du ciel. Par le Christ, notre Seigneur. **— *Amen.***

INVITATION
Je regarde mon emploi du temps de la semaine.
Pourrais-je y inscrire le nom d'une personne isolée à visiter ?

COMMENTAIRE

Il est ailleurs Marc 1, 29-39

Jésus s'approche de la belle-mère de Pierre grâce aux gens de la maison qui parlent de la malade. Il la relève par la main et, guérie, elle les sert tous. Cette rencontre personnelle et communautaire avec Jésus revêt alors une dimension sociale : elle attire la ville entière aux portes de la maison familiale. Mais Jésus est déjà ailleurs, dans le désert de la prière. L'Évangile se donne au monde à partir d'un cœur-à-cœur avec le Père. ■

***Nicolas Tarralle**, prêtre assomptionniste*

✲ CLÉ DE LECTURE

« Éli comprit » 1 Samuel 3, 8 *(p. 72)*

Dans une époque d'affaissement religieux, où nul ne semble plus entendre la parole de Dieu, où l'espérance s'éteint, Dieu se révèle, dans le silence de la nuit, au cœur d'un jeune homme qui accomplit avec soin un service qui pourrait paraître absurde. Dieu appelle. Mais comment Samuel reconnaîtrait-il sa voix ? C'est le vieux prêtre Éli, dont les fils sont indignes et le sacerdoce condamné, qui va lui suggérer l'attitude juste. Éli, au terme de sa vie, perd la vue, signe d'un aveuglement plus grave. Pourtant, il discerne la voix qui réveille Samuel : Éli comprend ! Et, renonçant à toute ambition personnelle pour sa descendance, il a le courage discret de s'effacer en orientant celui qui est appelé : Dieu fait lever un nouveau prophète pour son peuple. ■

***Roselyne Dupont-Roc**, bibliste*

JEUDI 11 JANVIER 2024

1re SEMAINE DU TEMPS ORDINAIRE COULEUR LITURGIQUE : VERT

Temps ordinaire, *suggestion d'oraisons et d'antiennes n° 3*

Antienne d'ouverture

Chantez au Seigneur un chant nouveau,
chantez au Seigneur, terre entière.
Devant lui, splendeur et majesté,
dans son sanctuaire, puissance et beauté.
(Ps 95, 1.6)

Prière

Dieu éternel et tout-puissant, dans ta bienveillance, dirige nos actions, afin qu'au nom de ton Fils bien-aimé, nous portions des fruits en abondance. Par Jésus…
— Amen.

Lecture

du premier livre de Samuel (4, 1b-11).

« Israël fut battu et l'arche de Dieu fut prise »

En ces jours-là, Israël sortit pour aller combattre les Philistins. Israël campa près d'Ébène-Ézèr, tandis que les Philistins étaient campés à Apheq. Les Philistins se déployèrent contre Israël, et le combat s'engagea. Dans cette bataille rangée en rase campagne, Israël fut battu par les Philistins, qui tuèrent environ quatre mille hommes, et le peuple

revint au camp. Les anciens d'Israël dirent alors : « Pourquoi le Seigneur nous a-t-il fait battre aujourd'hui par les Philistins ? Allons prendre à Silo l'arche de l'Alliance* du Seigneur ; qu'elle vienne au milieu de nous, et qu'elle nous sauve de la main de nos ennemis. »
Le peuple envoya des gens à Silo ; ils en rapportèrent l'arche de l'Alliance du Seigneur des armées qui siège sur les Kéroubim. Les deux fils du prêtre Éli, Hofni et Pinhas, étaient là auprès de l'arche de Dieu. Quand l'Arche arriva au camp, tout Israël poussa une grande ovation qui fit résonner la terre. Les Philistins entendirent le bruit et dirent : « Que signifie cette grande ovation dans le camp des Hébreux ? » Ils comprirent alors que l'arche du Seigneur était arrivée dans le camp. Alors ils eurent peur, car ils se disaient : « Dieu est arrivé au camp des Hébreux. » Puis ils dirent : « Malheur à nous ! Les choses ont bien changé depuis hier. Malheur à nous ! Qui nous délivrera de la main de ces dieux puissants ? Ce sont eux qui ont frappé les Égyptiens de toutes sortes de calamités dans le désert. Soyez forts, Philistins, soyez des hommes courageux, pour ne pas être asservis aux Hébreux comme ils vous ont été asservis : soyez courageux et combattez ! » Les Philistins livrèrent bataille, Israël fut battu et chacun s'enfuit à ses tentes. Ce fut un très grand désastre : en Israël trente mille soldats tombèrent. L'arche de Dieu fut prise, et les deux fils d'Éli, Hofni et Pinhas, moururent.
– Parole du Seigneur.

Psaume 43 (44)

℟ ***Sauve-nous, Seigneur, par ton amour.***

Maintenant, tu nous humilies,
tu nous rejettes,
tu ne sors plus avec nos armées.
Tu nous fais plier devant l'adversaire,
et nos ennemis emportent le butin. ℟

Tu nous exposes aux sarcasmes des voisins,
aux rires, aux moqueries de l'entourage.
Tu fais de nous la fable des nations ;
les étrangers haussent les épaules. ℟

Réveille-toi ! Pourquoi dors-tu, Seigneur ?
Lève-toi ! Ne nous rejette pas
pour toujours.
Pourquoi détourner ta face,
oublier notre malheur, notre misère ? ℟

Acclamation de l'Évangile

Alléluia. Alléluia. Jésus proclamait l'Évangile du Royaume et guérissait toute infirmité dans le peuple. ***Alléluia.***

Évangile de Jésus Christ

selon saint Marc (1, 40-45)

« La lèpre le quitta et il fut purifié »

En ce temps-là, un lépreux vint auprès de Jésus ; il le supplia et, tombant à ses genoux, lui dit : « Si tu le veux, tu peux me purifier. » Saisi de compassion, Jésus étendit la main, le toucha et lui dit : « Je le veux, sois purifié. » À l'instant même, la lèpre le quitta et il fut purifié. Avec fermeté, Jésus le renvoya aussitôt en lui disant : « Attention, ne dis rien à personne, mais va te montrer au prêtre, et donne pour ta purification ce que Moïse a prescrit dans la Loi : cela sera pour les gens un témoignage. » Une fois parti, cet homme se mit à proclamer et à répandre la nouvelle, de sorte que Jésus ne pouvait plus entrer ouvertement dans une ville, mais restait à l'écart, dans des endroits déserts. De partout cependant on venait à lui.

Prière sur les offrandes

Accueille avec bienveillance nos présents, nous t'en prions, Seigneur : qu'ils soient sanctifiés et servent ainsi à notre salut. Par le Christ, notre Seigneur. — ***Amen.***

Antienne de la communion

Approchez du Seigneur : resplendissez
de sa lumière, sans ombre
ni trouble au visage. (cf. Ps 33, 6)

OU

Je suis la lumière du monde,
dit le Seigneur. Celui qui me suit
ne marchera pas dans les ténèbres :
il aura la lumière de la vie. (Jn 8, 12)

Prière après la communion

Nous t'en prions, Dieu tout-puissant ; nous recevons de toi la grâce qui fait vivre : fais que nous trouvions toujours notre gloire dans ce que tu nous donnes. Par le Christ, notre Seigneur.
— ***Amen.***

INVITATION

Oui, le Seigneur, en me voyant, est saisi de compassion. Si j'en ai l'occasion, j'annonce à un enfant que Dieu prend soin de lui, de chacun de nous.

COMMENTAIRE

Un témoignage parlant Marc 1, 40-45

Le lépreux vient auprès de Jésus avec une foi qui supplie : que ta volonté soit faite. Le cœur et la main de Jésus l'étreignent alors de miséricorde et « à l'instant même, la lèpre le quitta ». Mais l'homme, une fois guéri, n'entre pas dans le témoignage de discrétion que Jésus lui commande. Ce que Dieu fait pour nous est pourtant plus parlant que ce que nous disons de lui. Rien n'est plus lumineux que l'humilité d'une vie portée par Dieu. ■

***Nicolas Tarralle**, prêtre assomptionniste*

✻ CLÉ DE LECTURE

« L'arche de l'Alliance » 1 Samuel 4, 3 *(p. 77)*

On ne sait pas bien ce qu'était exactement cette « arche de l'Alliance », coffre que David fera monter en grande pompe à Jérusalem pour y honorer le Dieu d'Israël. Il apparaît ici aux yeux des Israélites à la fois comme le garant de la présence de Dieu au milieu d'eux et comme un objet magique qui devrait leur assurer la victoire. Dure désillusion : la magie de l'Arche ne fonctionne pas. Il leur faudra apprendre qu'on ne « prend » pas Dieu au piège, qu'on ne s'approprie pas sa volonté et que le Dieu unique, qui est le Seigneur de tous, n'est pas lié à quelque objet magique, pas plus qu'il n'est soumis à leurs prières. Nos relations avec Dieu sont certes plus subtiles, mais la leçon vaut encore aujourd'hui : notre prière ne saurait être mainmise sur Dieu. ■

***Roselyne Dupont-Roc**, bibliste*

VENDREDI 12 JANVIER 2024

1RE SEMAINE DU TEMPS ORDINAIRE COULEUR LITURGIQUE : VERT

Temps ordinaire, *suggestion d'oraisons et d'antiennes n° 4*

Antienne d'ouverture

Sauve-nous, Seigneur notre Dieu ;
rassemble-nous du milieu des nations,
que nous rendions grâce
à ton saint nom, fiers de chanter ta louange !
(Ps 105, 47)

Prière

Accorde-nous, Seigneur notre Dieu, de pouvoir t'adorer de tout notre esprit, et d'avoir envers tous une vraie charité. Par Jésus… — ***Amen.***

Lecture

du premier livre de Samuel (8, 4-7.10-22a)

« Vous pousserez des cris à cause du roi que vous aurez choisi, mais le Seigneur ne vous répondra pas ! »

En ces jours-là, tous les anciens d'Israël se réunirent et vinrent trouver Samuel à Rama. Ils lui dirent : « Tu es devenu vieux, et tes fils ne marchent pas sur tes traces. Maintenant donc, établis, pour nous gouverner, un roi comme en ont toutes les nations. » Samuel fut mécontent parce qu'ils avaient dit : « Donne-nous un roi pour nous

gouverner », et il se mit à prier le Seigneur. Or, le Seigneur lui répondit : « Écoute la voix du peuple en tout ce qu'ils te diront. Ce n'est pas toi qu'ils rejettent, c'est moi qu'ils rejettent : ils ne veulent pas que je règne sur eux. »
Samuel rapporta toutes les paroles du Seigneur au peuple qui lui demandait un roi. Et il dit : « Tels seront les droits du roi qui va régner sur vous. Vos fils, il les prendra, il les affectera à ses chars et à ses chevaux, et ils courront devant son char. Il les utilisera comme officiers de millier et comme officiers de cinquante hommes ; il les fera labourer et moissonner à son profit, fabriquer ses armes de guerre et les pièces de ses chars. Vos filles, il les prendra pour la préparation de ses parfums, pour sa cuisine et pour sa boulangerie. Les meilleurs de vos champs, de vos vignes et de vos oliveraies, il les prendra pour les donner à ses serviteurs. Sur vos cultures et vos vignes il prélèvera la dîme, pour la donner à ses dignitaires et à ses serviteurs. Les meilleurs de vos serviteurs, de vos servantes et de vos jeunes gens, ainsi que vos ânes, il les prendra et les fera travailler pour lui. Sur vos troupeaux, il prélèvera la dîme, et vous-mêmes deviendrez ses esclaves. Ce jour-là, vous pousserez des cris à cause du roi que vous aurez choisi, mais, ce jour-là, le Seigneur ne vous répondra pas ! » Le peuple refusa d'écouter Samuel et dit : « Non ! il nous faut un roi ! Nous serons, nous aussi, comme toutes les nations ; notre roi nous gouvernera, il marchera à notre tête et combattra avec nous. » Samuel écouta toutes les paroles du peuple et les répéta aux oreilles du Seigneur. Et le Seigneur lui dit : « Écoute-les, et qu'un roi règne sur eux ! »
– Parole du Seigneur.

Psaume 88 (89)

℟ ***Ton amour, Seigneur, sans fin je le chante !***

Heureux le peuple qui connaît l'ovation !
Seigneur, il marche à la lumière de ta face ;
tout le jour, à ton nom il danse de joie,
fier de ton juste pouvoir. ℟

Tu es sa force éclatante ;
ta grâce accroît notre vigueur.
Oui, notre roi est au Seigneur ;
notre bouclier, au Dieu saint d'Israël. ℟

Acclamation de l'Évangile

Alléluia. Alléluia. Un grand prophète s'est levé parmi nous, et Dieu a visité son peuple. ***Alléluia.***

Évangile de Jésus Christ

selon saint Marc (2, 1-12)

« Le Fils de l'homme a autorité pour pardonner les péchés sur la terre »

Quelques jours après la guérison d'un lépreux, Jésus revint à Capharnaüm, et l'on apprit qu'il était à la maison. Tant de monde s'y rassembla qu'il n'y avait plus de place, pas même devant la porte, et il leur annonçait la Parole. Arrivent des gens qui lui amènent un paralysé, porté par quatre hommes. Comme ils ne peuvent l'approcher à cause de la foule, ils découvrent le toit au-dessus de lui, ils font une ouverture, et descendent le brancard sur lequel était couché le paralysé. Voyant leur foi, Jésus dit au paralysé : « Mon enfant, tes péchés sont pardonnés. »
Or, il y avait quelques scribes, assis là, qui raisonnaient en eux-mêmes :

« Pourquoi celui-là parle-t-il ainsi ? Il blasphème. Qui donc peut pardonner les péchés, sinon Dieu seul ? » Percevant aussitôt dans son esprit les raisonnements qu'ils se faisaient, Jésus leur dit : « Pourquoi tenez-vous de tels raisonnements ? Qu'est-ce qui est le plus facile ? Dire à ce paralysé : "Tes péchés sont pardonnés", ou bien lui dire : "Lève-toi, prends ton brancard et marche" ? Eh bien ! Pour que vous sachiez que le Fils de l'homme a autorité pour pardonner les péchés sur la terre… – Jésus s'adressa au paralysé – je te le dis, lève-toi, prends ton brancard, et rentre dans ta maison. » Il se leva, prit aussitôt son brancard, et sortit devant tout le monde. Tous étaient frappés de stupeur et rendaient gloire à Dieu, en disant : « Nous n'avons jamais rien vu de pareil. »

Prière sur les offrandes

Pour te servir, Seigneur, nous déposons nos présents sur ton autel : accueille-les favorablement, pour qu'ils deviennent le sacrement de notre rédemption. Par le Christ, notre Seigneur. — ***Amen.***

Antienne de la communion

Sur ton serviteur,
que s'illumine ta face ;
sauve-moi dans ta miséricorde.
Seigneur, garde-moi
d'être humilié, car je t'ai invoqué.
(cf. Ps 30, 17-18)

OU

Heureux les pauvres de cœur,
car le royaume des Cieux est à eux.
Heureux les doux, car ils recevront
la terre en héritage.
(Mt 5, 3.5)

Prière après la communion

Nous avons été fortifiés par le sacrement de notre rédemption, et nous t'en prions, Seigneur : que cette nourriture pour le salut éternel nous fasse progresser dans la foi véritable. Par le Christ, notre Seigneur. — ***Amen.***

INVITATION

Et si, pour placer ce début d'année dans la joie de Dieu, je faisais la démarche de demander le sacrement du pardon ?

COMMENTAIRE

Le pardon qui guérit Marc 2, 1-12

Le retour de mission à Capharnaüm est sans repos : toute la ville se presse autour de la maison pour écouter la Parole qui guérit. La barrière qu'est la foule ne décourage pourtant pas les amis du paralytique. Jésus voit leur foi à l'œuvre dans l'ouverture qui transperce le toit pour faire passer le brancard. Sa parole est pour eux, pour l'homme et pour la foule : le pardon des péchés est la guérison la plus profonde que Dieu offre au monde. ■

Nicolas Tarralle, prêtre assomptionniste

SAMEDI 13 JANVIER 2024

1RE SEMAINE DU TEMPS ORDINAIRE COULEUR LITURGIQUE : VERT

Temps ordinaire, *suggestion d'oraisons et d'antiennes n° 5*
ou **saint Hilaire de Poitiers,** *voir p. 90*
ou **bienheureuse Vierge Marie,** *voir p. 91*

Antienne d'ouverture

Venez, adorons Dieu, prosternons-nous devant le Seigneur qui nous a faits, car il est notre Dieu.
(cf. Ps 94, 6-7)

Prière

Dans ton inlassable tendresse, nous t'en prions, Seigneur, veille sur ta famille : elle s'appuie sur la grâce du ciel, son unique espérance ; qu'elle soit toujours assurée de ta protection. Par Jésus… ***— Amen.***

Lecture

du premier livre de Samuel (9, 1-4.10c.17-19 ; 10, 1)

Voilà l'homme dont le Seigneur avait parlé ;
c'est lui, Saül, qui exercera le pouvoir sur son peuple

Il y avait dans la tribu de Benjamin un homme appelé Kish. C'était un homme de valeur. Il avait un fils appelé Saül, qui était jeune et beau. Aucun fils d'Israël n'était plus beau que lui, et il dépassait tout le monde de plus d'une tête. Les ânesses appartenant à Kish, père de Saül, s'étaient égarées. Kish dit à son fils Saül : « Prends donc avec toi l'un des serviteurs, et pars à la recherche des ânesses. » Ils traversèrent la

montagne d'Éphraïm, ils traversèrent le pays de Shalisha sans les trouver; ils traversèrent le pays de Shaalim : elles n'y étaient pas; ils traversèrent le pays de Benjamin sans les trouver. Alors ils allèrent à la ville où se trouvait l'homme de Dieu.
Quand Samuel aperçut Saül, le Seigneur l'avertit : « Voilà l'homme dont je t'ai parlé; c'est lui qui exercera le pouvoir sur mon peuple. » Saül aborda Samuel à l'entrée de la ville et lui dit : « Indique-moi, je t'en prie, où est la maison du voyant. » Samuel répondit à Saül : « C'est moi le voyant. Monte devant moi au lieu sacré. Vous mangerez aujourd'hui avec moi. Demain matin, je te laisserai partir et je te renseignerai sur tout ce qui te préoccupe. »
Le lendemain, Samuel prit la fiole d'huile et la répandit sur la tête de Saül; puis il l'embrassa et lui dit : « N'est-ce pas le Seigneur qui te donne l'onction comme chef sur son héritage ? » – Parole du Seigneur.

Psaume 20 (21)

℟ ***Seigneur, le roi se réjouit de ta force.***

Seigneur, le roi se réjou<u>i</u>t de ta force ;
quelle allégresse lui d<u>o</u>nne ta victoire !
Tu as répondu au dés<u>i</u>r de son cœur,
tu n'as pas rejeté le souh<u>a</u>it de ses lèvres. ℟

Tu lui destines bénédicti<u>o</u>ns et bienfaits,
tu mets sur sa tête une cour<u>o</u>nne d'or.
La vie qu'il t'a demand<u>é</u>e, tu la lui donnes,
de longs jours, des ann<u>é</u>es sans fin. ℟

Par ta victoire, grand<u>i</u>t son éclat :
tu le revêts de splende<u>u</u>r et de gloire.
Tu mets en lui ta bénédicti<u>o</u>n pour toujours :
ta présence l'empl<u>i</u>t de joie ! ℟

Acclamation de l'Évangile

Alléluia. Alléluia. Le Seigneur m'a envoyé porter la Bonne Nouvelle aux pauvres, annoncer aux captifs leur libération. ***Alléluia.***

Évangile de Jésus Christ

selon saint Marc (2, 13-17)

« Je ne suis pas venu appeler des justes, mais des pécheurs »

En ce temps-là, Jésus sortit de nouveau le long de la mer; toute la foule venait à lui, et il les enseignait. En passant, il aperçut Lévi, fils d'Alphée, assis au bureau des impôts. Il lui dit : « Suis-moi. » L'homme se leva et le suivit.

Comme Jésus était à table dans la maison de Lévi, beaucoup de publicains (c'est-à-dire des collecteurs d'impôts) et beaucoup de pécheurs vinrent prendre place avec Jésus et ses disciples, car ils étaient nombreux à le suivre. Les scribes du groupe des pharisiens, voyant qu'il mangeait avec les pécheurs et les publicains, disaient à ses disciples : « Comment! Il mange avec les publicains et les pécheurs ! » Jésus, qui avait entendu, leur déclara : « Ce ne sont pas les gens bien portants qui ont besoin du médecin, mais les malades. Je ne suis pas venu appeler des justes, mais des pécheurs. »

Prière sur les offrandes

Seigneur notre Dieu, tu as choisi dans ta création ces aliments qui soutiennent notre fragilité; nous t'en prions : fais qu'ils deviennent aussi pour nous le sacrement de la vie éternelle. Par le Christ, notre Seigneur. — ***Amen.***

Antienne de la communion
Qu'ils rendent grâce au Seigneur
pour sa miséricorde,
pour ses merveilles envers
les hommes : car il rassasie l'âme
épuisée, il comble de biens
celle qui a faim ! (cf. Ps 106, 8-9)
OU
Heureux ceux qui pleurent,
car ils seront consolés.
Heureux ceux qui ont faim
et soif de la justice,
car ils seront rassasiés. (Mt 5, 4.6)

Prière après la communion
Tu as voulu, Seigneur Dieu, que nous ayons part au même pain et à la même coupe ; nous t'en prions : puisque nous sommes devenus un dans le Christ, que notre manière de vivre nous donne la joie de porter du fruit pour le salut du monde. Par le Christ, notre Seigneur. **— *Amen.***

INVITATION
En ce jour de mémoire de la Vierge Marie, je peux prier le chapelet.

COMMENTAIRE
Je suis malade Marc 2, 13-17

La prédication de Jésus remporte un grand succès auprès des foules. Elle ne s'enracine pourtant qu'au détour de rencontres personnelles dans des circonstances souvent improbables. L'injonction « suis-moi » à laquelle répond Lévi permet à Jésus de passer de l'espace public du bureau des impôts au cercle des amis dans la maison. La communauté la plus en attente de la Parole qui guérit est alors celle des malades et des pécheurs. En sommes-nous ? ■

Nicolas Tarralle*, prêtre assomptionniste*

Saint Hilaire de Poitiers

Couleur liturgique : blanc

IVe siècle. Évêque de Poitiers, il fut l'un des principaux opposants à l'hérésie arienne qui niait la divinité du Christ. Docteur de l'Église depuis 1851.

Antienne d'ouverture

Je susciterai pour moi un prêtre fidèle
qui agira selon mon cœur et
mon esprit, dit le Seigneur. (cf. 1 S 2, 35)

Prière

Accorde-nous, Dieu tout-puissant, de mieux comprendre et de proclamer fidèlement la divinité de ton Fils, que le bienheureux évêque Hilaire défendit sans jamais faiblir. Par Jésus Christ…
— Amen.

Prière sur les offrandes

Accueille, Seigneur, les offrandes que ton peuple te présente en la fête de saint Hilaire : qu'elles nous obtiennent, comme nous en avons l'espérance, d'éprouver le secours de ta bonté. Par le Christ, notre Seigneur. ***— Amen.***

Antienne de la communion

Je suis venu
pour que les brebis
aient la vie,
la vie en abondance,
dit le Seigneur. (Jn 10, 10)

Prière après la communion

Après avoir communié au corps sacré et au sang précieux de ton Fils, nous te supplions, Seigneur notre Dieu : fais que, sûrs de la rédemption, nous possédions enfin ce que nous célébrons avec ferveur. Par le Christ, notre Seigneur.
— Amen.

Bienheureuse Vierge Marie

Couleur liturgique : blanc ou vert

Les samedis du temps ordinaire sans mémoire obligatoire, on peut faire mémoire de la Vierge Marie, selon une tradition qui honore la foi et l'espérance sans défaut de Marie le Samedi saint.

Antienne d'ouverture

Bienheureuse es-tu, Vierge Marie :
tu as porté le Créateur de l'univers,
tu as mis au monde celui qui t'a faite,
et tu demeures toujours vierge.

Prière

Dieu de miséricorde, viens au secours de notre faiblesse : puisque nous faisons mémoire de la sainte Mère de Dieu, fais que, soutenus par son intercession, nous soyons relevés de nos péchés. Par Jésus… **— *Amen.***

OU

Que vienne à notre aide, Seigneur, nous t'en prions, l'admirable intercession de la bienheureuse Marie toujours vierge ; qu'elle nous obtienne la joie de vivre dans la paix que tu nous donnes, délivrés de tout péril. Par Jésus… **— *Amen.***

Prière sur les offrandes

En rendant hommage à la Mère de ton Fils, Seigneur, nous te supplions : que le sacrifice offert en ce jour fasse de nous, par le don de ta grâce, une éternelle offrande à ta gloire. Par le Christ, notre Seigneur. **— *Amen.***

Préface de la Vierge Marie, p. 237.

Antienne de la communion

Le Puissant fit pour moi des merveilles ;
Saint est son nom. (Lc 1, 49)

Prière après la communion

Tu nous as fait participer à la rédemption éternelle, et nous te prions, Seigneur : alors que nous faisons mémoire de la Mère de ton Fils, comble-nous de la plénitude de ta grâce, et fais-nous éprouver toujours davantage les effets du salut. Par le Christ, notre Seigneur.
— *Amen.*

DIMANCHE 14 JANVIER 2024

2E DIMANCHE DU TEMPS ORDINAIRE

ANNÉE B – COULEUR LITURGIQUE : VERT

© Delphine Renon

« “Tu es Simon, fils de Jean ; tu t’appelleras Kèphas” – ce qui veut dire : Pierre. » Jean 1, 42

« Nous avons trouvé le Messie. » Il est difficile de garder pour soi une joyeuse nouvelle. Deux disciples viennent de rencontrer le Christ. Leur cœur déborde de joie, de reconnaissance, ils partagent leur bonheur autour d’eux. Et nous, que faisons-nous de notre joie de croire et d’appartenir à la grande famille des enfants de Dieu ? Aujourd’hui, demandons à Dieu d’être de lumineux témoins de l’Évangile.

RITES INITIAUX

Chant d'entrée *(Suggestions p. 259)*
OU
Antienne d'ouverture
Toute la terre se prosterne devant toi,
qu'elle chante pour toi, qu'elle chante un psaume
pour ton nom, Dieu très-haut. (cf. Ps 65, 4)

Suggestion de préparation pénitentielle *(ou p. 229)*
Frères et sœurs, en ce jour où nous sommes invités à être témoins de la Bonne Nouvelle, préparons-nous à célébrer le mystère de l'eucharistie, en reconnaissant que nous avons péché.

Seigneur Jésus, toi l'espérance de tous les peuples, tu te penches vers les hommes et les femmes qui espèrent en toi. Kyrie, eleison.
— Kyrie, eleison.
Ô Christ, venu dans notre chair, tu nous appelles à rendre gloire à Dieu dans notre corps. Christe, eleison.
— Christe, eleison.
Seigneur, toi le Chemin, la Vérité et la Vie, tu invites André, Simon et nous tous à demeurer avec toi. Kyrie, eleison.
— Kyrie, eleison.

Que Dieu tout-puissant nous fasse miséricorde ; qu'il nous pardonne nos péchés et nous conduise à la vie éternelle. ***— Amen.***

Gloire à Dieu (p. 231)

Prière
Dieu éternel et tout-puissant, qui régis et le ciel et la terre, exauce, en ta bonté, les supplications de ton peuple et donne à notre temps la paix qui vient de toi. Par Jésus… **— Amen.**

LITURGIE DE LA PAROLE

Lecture du premier livre de Samuel (3, 3b-10.19)

« Parle, Seigneur, ton serviteur écoute »

En ces jours-là, le jeune Samuel était couché dans le temple du Seigneur à Silo, où se trouvait l'arche de Dieu. Le Seigneur appela Samuel, qui répondit : « Me voici ! » Il courut vers le prêtre Éli, et il dit : « Tu m'as appelé, me voici. » Éli répondit : « Je n'ai pas appelé. Retourne te coucher. » L'enfant alla se coucher. De nouveau, le Seigneur appela Samuel. Et Samuel se leva. Il alla auprès d'Éli, et il dit : « Tu m'as appelé, me voici. » Éli répondit : « Je n'ai pas appelé, mon fils. Retourne te coucher. » Samuel ne connaissait pas encore le Seigneur, et la parole du Seigneur ne lui avait pas encore été révélée.
De nouveau, le Seigneur appela Samuel. Celui-ci se leva. Il alla auprès d'Éli, et il dit : « Tu m'as appelé, me voici. » Alors Éli comprit que c'était le Seigneur qui appelait l'enfant, et il lui dit :

« Va te recoucher, et s'il t'appelle, tu diras : "Parle, Seigneur, ton serviteur écoute." » Samuel alla se recoucher à sa place habituelle. Le Seigneur vint, il se tenait là et il appela comme les autres fois : « Samuel ! Samuel ! » Et Samuel répondit : « Parle, ton serviteur écoute. »
Samuel grandit. Le Seigneur était avec lui, et il ne laissa aucune de ses paroles sans effet. – Parole du Seigneur.

Psaume 39 (40)

℟ ***Me voici, Seigneur, je viens faire ta volonté.***

T. : AELF; M. : G. Previdi; Éd. : ADF.

D'un grand espoir, j'espérais le Seigneur :
il s'est penché vers moi.
En ma bouche il a mis un chant nouveau,
une louange à notre Dieu. ℟

Retrouvez
ce psaume sur le CD
"Les psaumes
de l'année B"

℟ ***Me voici, Seigneur, je viens faire ta volonté.***

Tu ne voulais ni offrande ni sacrifice,
tu as ouvert mes oreilles ;
tu ne demandais ni holocauste ni victime,
alors j'ai dit : « Voici, je viens. ℟

« Dans le livre, est écrit pour moi
ce que tu veux que je fasse.
Mon Dieu, voilà ce que j'aime :
ta loi me tient aux entrailles. » ℟

Vois, je ne retiens pas mes lèvres,
Seigneur, tu le sais.
J'ai dit ton amour et ta vérité
à la grande assemblée. ℟

Lecture de la première lettre de saint Paul apôtre aux Corinthiens (6, 13c-15a.17-20)

« Vos corps sont les membres du Christ »

Frères, le corps n'est pas pour la débauche, il est pour le Seigneur, et le Seigneur est pour le corps ; et Dieu, par sa puissance, a ressuscité le Seigneur et nous ressuscitera nous aussi. Ne le savez-vous pas ? Vos corps sont les membres du Christ. Celui qui s'unit au Seigneur ne fait avec lui qu'un seul esprit. Fuyez la débauche.

Tous les péchés que l'homme peut commettre sont extérieurs à son corps ; mais l'homme qui se livre à la débauche commet un péché contre son propre corps. Ne le savez-vous pas ? Votre corps est un sanctuaire de l'Esprit Saint, lui qui est en vous et que vous avez reçu de Dieu ; vous ne vous appartenez plus à vous-mêmes, car vous avez été achetés à grand prix. Rendez donc gloire à Dieu dans votre corps. – Parole du Seigneur.

Acclamation de l'Évangile

Alléluia. Alléluia. En Jésus Christ, nous avons reconnu le Messie : par lui sont venues la grâce et la vérité. ***Alléluia.***

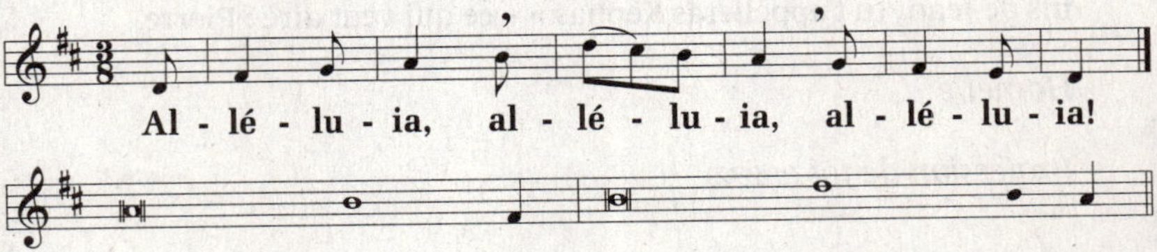

Union Ste Cécile; M. : J. Gelineau; Psalmodie : Ph. Robert.

Évangile de Jésus Christ selon saint Jean (1, 35-42)

« Ils virent où il demeurait, et ils restèrent auprès de lui »

En ce temps-là, Jean le Baptiste se trouvait avec deux de ses disciples. Posant son regard sur Jésus qui allait et venait, il dit : « Voici l'Agneau de Dieu. » Les deux disciples entendirent ce

qu'il disait, et ils suivirent Jésus. Se retournant, Jésus vit qu'ils le suivaient, et leur dit : « Que cherchez-vous ? » Ils lui répondirent : « Rabbi – ce qui veut dire : Maître –, où demeures-tu ? » Il leur dit : « Venez, et vous verrez. » Ils allèrent donc, ils virent où il demeurait, et ils restèrent auprès de lui ce jour-là. C'était vers la dixième heure (environ quatre heures de l'après-midi).
André, le frère de Simon-Pierre, était l'un des deux disciples qui avaient entendu la parole de Jean et qui avaient suivi Jésus. Il trouve d'abord Simon, son propre frère, et lui dit : « Nous avons trouvé le Messie » – ce qui veut dire : Christ. André amena son frère à Jésus. Jésus posa son regard sur lui et dit : « Tu es Simon, fils de Jean ; tu t'appelleras Kèphas » – ce qui veut dire : Pierre.

Homélie

Profession de foi (p. 232)

Suggestion de prière universelle

Le prêtre : Le Christ appelle tous les hommes à le suivre. Avec foi, prions Dieu son Père et notre Père, pour l'Église et pour tous les habitants de la terre.

℟ ***Écoute-nous, Seigneur, et viens sauver ton peuple !***

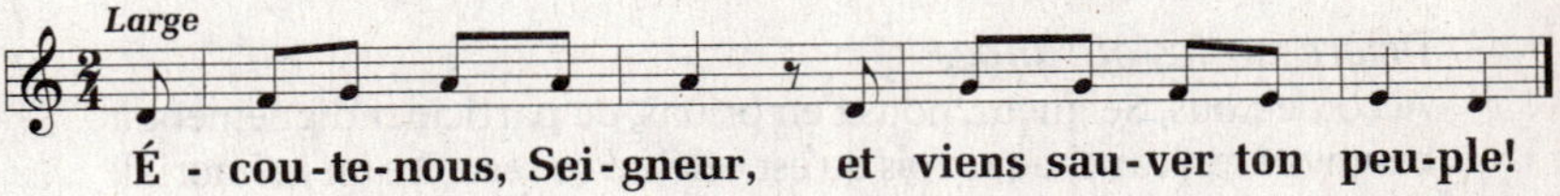

MNA n° 31.34

Le diacre ou un lecteur :

Notre Église est riche de traditions rituelles variées, présentes aux quatre coins du monde. Afin qu'elle se réjouisse de la diversité des charismes des uns et des autres, prions le Seigneur. ℟

Bien des hommes et des femmes souffrent de la famine et de la guerre. Afin que les chefs des nations travaillent ensemble à la paix et à la résolution des conflits, prions le Seigneur. ℟

Deux disciples demandent à Jésus où il demeure. Afin que celles et ceux qui souffrent trouvent le réconfort dans le Christ et dans la famille des chrétiens, prions le Seigneur. ℟

Les disciples sont joyeux d'avoir trouvé le Messie. Afin que notre paroisse soit habitée par l'élan du témoignage et de l'évangélisation, prions le Seigneur. ℟

(Ces intentions seront adaptées ou modifiées selon les circonstances.)

Le prêtre :
Dieu notre Père, vois ton peuple qui se tourne vers toi et daigne écouter nos prières, par le Christ, notre Seigneur. **— *Amen.***

LITURGIE EUCHARISTIQUE

Prière sur les offrandes
Accorde-nous, Seigneur, nous t'en prions, de participer dignement à ces mystères, car chaque fois qu'est célébré ce sacrifice en mémorial, c'est l'œuvre de notre rédemption qui s'accomplit. Par le Christ, notre Seigneur. **— *Amen.***

Prière eucharistique *(Préface des dimanches, p. 237)*

Chant de communion *(Suggestions p. 259)*
OU
Antienne de la communion
Tu prépares la table pour moi ;
la coupe qui m'enivre,
comme elle est admirable !
(cf. Ps 22, 5)

OU

Nous avons reconnu l'amour
que Dieu a pour nous,
et nous y avons cru.
(1 Jn 4, 16)

Prière après la communion

Répands en nous, Seigneur, ton Esprit de charité, afin d'unir dans un même amour ceux que tu as nourris du même pain du ciel. Par le Christ, notre Seigneur. — ***Amen.***

RITE DE CONCLUSION

Bénédiction

Envoi

COMMENTAIRE DU DIMANCHE

Luc Forestier, prêtre de l'Oratoire

Un corps de parole

Le caractère typographique de ce dimanche, c'est le point d'interrogation. Dans la traduction liturgique, il y en a quatre ! Même dans la première lecture, tout le monde se pose des questions. Mais c'est aussi le dimanche des explications. Éli explique à Samuel qu'il est appelé, Paul nous montre comment glorifier Dieu, et l'évangéliste Jean traduit les mots de « rabbi » et de « Kèphas ».

Ce jeu entre interrogations et explications caractérise les textes bibliques de l'Ancien comme du Nouveau Testaments. Cela illustre la nature profondément dialogale de la foi chrétienne. Dieu ne fait connaître ni injonctions ni oracles ! Il suscite un dialogue et nous donne de quoi lui répondre, en particulier dans les psaumes. Il attend notre libre participation, tout en nous accordant ce qui nous permet d'entrer pleinement dans cette joyeuse alliance, ouverte à toute l'humanité et même à la Création.

Or, ce dialogue ne se limite pas au partage de la parole mais sollicite toujours nos corps de chair. Samuel ne cesse de se lever de son lit avant d'engager toute sa vie. Les disciples se déplacent, voient, écoutent et suivent Jésus jusqu'au bout. Paul vient secouer nos torpeurs : c'est dans notre corps que nous glorifions Dieu. L'acte de communion eucharistique prend alors toute sa force subversive. En disant « amen », nous engageons notre vie en recevant une force qui nous rend témoins du Ressuscité, avec nos frères et sœurs de toutes les Églises.

Comment puis-je participer à la Semaine de prière pour l'unité des chrétiens ?

Quelle question biblique vais-je risquer de me poser ? ■

LIRE L'ÉVANGILE AVEC LES ENFANTS

CE QUE JE DÉCOUVRE

Jean Baptiste annonce Jésus et donne envie de le suivre. **Pour suivre Jésus, il faut lui faire confiance** et apprendre à le connaître. Ceux qui apprennent à connaître Jésus deviennent ses témoins et invitent d'autres à le suivre à leur tour.
Ils se convertissent et changent de vie.
C'est pourquoi Simon change de nom et s'appelle désormais Pierre.

CE QUE JE VIS

Qui t'a appris à connaître Jésus ?
Tes parents ? des amis ? le prêtre ?
Et toi, comment es-tu témoin de Jésus ?
Dans ta prière, demande à Jésus de t'aider à le trouver, à le rencontrer, à être son témoin.

Texte : Benoît Gschwind. Illustrations : Marcelino Truong

MÉDITATION BIBLIQUE

2E DIMANCHE DU TEMPS ORDINAIRE

Premier livre de Samuel 3, 3b-10.19

L'écoute de Samuel

L'écoute offre à Samuel d'entrer en contact avec la parole de Dieu. Elle fait son chemin en lui et transforme sa vie.

Le temps de la préparation

« Tu ne voulais ni offrande ni sacrifice, tu as ouvert mes oreilles ; tu ne demandais ni holocauste ni victime, alors j'ai dit : "Voici, je viens." » (Ps 39, 7)

Le temps de l'observation

Le plus curieux dans l'histoire de Samuel ce n'est pas tant que le Seigneur appelle Samuel mais c'est que celui-ci l'entende. La sensibilité du jeune garçon et son attention au monde lui permettent d'entendre ce qui passerait totalement inaperçu à d'autres. Non seulement Samuel perçoit mais il se fait confiance. S'il ne comprend pas ce qui se passe, s'il ne sait pas ce qui lui arrive, il ne doute ni de lui ni de la réalité qui s'impose à lui. Il prend au sérieux une expérience dont il ne sait pas encore la rareté. Il fait de même avec la Parole qu'il reçoit. Son écoute n'est pas •••

••• superficielle, il ne prend pas ce qu'il entend comme une information. Samuel laisse la Parole faire son chemin en lui, descendre dans sa vie et la transformer. Ce consentement lui permet d'incarner la parole du Seigneur dans sa vie. L'écoute demandée à Israël ne vise que cela : l'incorporation dans chaque membre du peuple hébreu de la parole de Dieu.

Le temps de la méditation

Aujourd'hui encore, la lampe n'est toujours pas éteinte. À travers les événements de la vie, à travers la Création, dans la rencontre et les dialogues, à travers le texte biblique, Dieu continue à diffuser son Verbe, créateur de vie. Comme pour Samuel, il est possible de l'entendre murmurer un appel qui nous concerne et nous rejoint. Il est possible que cette Parole que nous sommes seuls à percevoir dans tel ou tel événement de la vie nous désoriente. La communauté est là pour soutenir la confiance et donner du sens au Verbe qui nous rejoint. L'objectif est clair. La Parole est appelée à descendre et à habiter nos existences. Elle n'est ni un trophée ni un pouvoir. Elle est ce qui permet à chacun de nous de pouvoir être à la hauteur du royaume de Dieu dans la vie qui est la nôtre. Jésus ne dira pas autre chose dans la parabole du semeur. Samuel est l'exemple même d'une terre fructueuse et riche, d'une terre à l'écoute.

Le temps de la prière

« Dans le livre, est écrit pour moi ce que tu veux que je fasse. Mon Dieu, voilà ce que j'aime : ta loi me tient aux entrailles. » (Ps 39, 8-9) ■

Marie-Laure Durand, bibliste

LE SAINT DU MOIS

19 JANVIER : SAINT MACAIRE D'ÉGYPTE (VERS 300 – 390)

Une vie au désert

Situé à cent kilomètres à l'ouest du Caire (Égypte), le monastère Saint-Macaire de Scété est l'un des plus anciens au monde. Il a été fondé, il y a plus de seize siècles, par un célèbre Père du désert : saint Macaire d'Égypte. Né dans le delta du Nil, Macaire exerça d'abord le métier de chamelier. À la mort de ses parents, il obéit à un appel de Dieu et opta pour une vie de prière et d'ascèse, dans un lieu isolé de son village. Mais, victime d'une calomnie qu'il endura sans broncher, il partit, à 30 ans, vivre en ermite dans le désert de Scété (aujourd'hui, Wadi el Natrun). Ce faisant, il se plaçait dans le sillage de saint Antoine le Grand qui, cinquante ans plus tôt, •••

© Gaëtan Évrard

••• avait fui le monde pour rencontrer Dieu dans le silence et le dénuement du désert égyptien. Macaire rendit d'ailleurs visite au vieux « Père des moines ». Ce dernier l'exhorta à recevoir la prêtrise, afin de pouvoir exercer le ministère sacerdotal auprès des nombreux disciples qui, peu à peu, l'avaient rejoint. « Abba Macaire » (père Macaire) adopta une organisation intermédiaire entre anachorétisme (vie totalement solitaire) et cénobitisme (vie communautaire). Durant la semaine, les ermites vivaient seuls dans leurs cellules, s'efforçant d'établir une union vraie avec Dieu par la prière continuelle. Le dimanche, ils se retrouvaient pour assister à la messe célébrée par abba Macaire. Ses disciples écoutaient avec ferveur ses homélies inspirées et se répétaient les nombreux apophtegmes (petits récits édifiants à dimension spirituelle) le concernant. Après soixante ans de vie au désert (simplement interrompue en 374 par un bref exil), abba Macaire remit son âme au Seigneur en 390. Il fut enterré dans l'église de son monastère, où ses reliques se trouvent toujours. Par la sainteté de sa vie et les nombreux écrits qu'on lui a attribués, saint Macaire d'Égypte a joué un rôle important dans l'essor du monachisme oriental. ■

Xavier Lecœur

UN SAINT POUR AUJOURD'HUI

« Seigneur, comme tu veux et comme tu sais, aie pitié » : saint Macaire était partisan d'une prière simple et brève, mais fréquente et répétée, à l'image de la prière du cœur des orthodoxes. Des invocations qui peuvent aisément trouver leur place dans le tumulte de la vie moderne.

Une prière de Ai Nguyen Chi, pour ce dimanche

Seigneur, aide-nous à te rejoindre

Seigneur, tu es un Dieu qui se communique.
Aide-nous à te connaître toujours davantage,
au fil de nos questions et de notre recherche sincère.
Aide-nous à exprimer nos désirs les plus intimes
afin que nous soyons bien reliés à toi et aux autres
dans une communion profonde de cœur et de pensée.
Seigneur Jésus, c'est toi qui diriges le parcours de notre vie.
Aide-nous à aller là où tu demeures pour connaître
une expérience personnelle avec toi.
Fais de nous des disciples audacieux et généreux
pour raconter ton histoire à tous ceux et celles que nous
rencontrons. Sois toujours présent au cœur de notre vie
pour en faire un lieu de révélation et de partage.
Seigneur Jésus, tu fais toutes choses nouvelles.
Aide-nous, en cette année qui s'ouvre,
à semer la paix et l'amour.

LUNDI 15 JANVIER 2024

2E SEMAINE DU TEMPS ORDINAIRE COULEUR LITURGIQUE : VERT

Temps ordinaire, *suggestion d'oraisons et d'antiennes n° 6*
ou **saint Remi,** *voir p. 115*

Antienne d'ouverture

Sois pour moi le Dieu qui protège, un lieu de refuge pour me sauver. Car tu es mon appui et mon refuge : à cause de ton nom, tu seras mon guide et tu me nourriras. (cf. Ps 30, 3-4)

Prière

Seigneur Dieu, tu as promis d'habiter les cœurs droits et sincères ; donne-nous, par ta grâce, de vivre de telle manière que tu puisses faire en nous ta demeure. Par Jésus… — ***Amen.***

Lecture

du premier livre de Samuel (15, 16-23)

« L'obéissance vaut mieux que le sacrifice ; le Seigneur t'a rejeté : tu ne seras plus roi ! »

En ces jours-là, Samuel dit à Saül : « Assez ! Je vais t'apprendre ce que le Seigneur m'a dit pendant la nuit. » Saül lui dit : « Parle. » Alors Samuel déclara : « Toi qui reconnaissais ta petitesse, n'es-tu pas devenu le chef des tribus d'Israël, puisque le Seigneur t'a donné l'onction comme roi sur Israël ? Il t'a envoyé en campagne et t'a donné cet ordre : "Va, et voue à l'anathème ces impies d'Amalécites, fais-leur la guerre jusqu'à l'extermination." Pourquoi n'as-tu pas obéi à la voix du Seigneur ? Pourquoi t'es-tu jeté sur le butin ? Pourquoi as-tu fait ce qui est mal aux yeux du Seigneur ? » Saül répondit à Samuel : « Mais j'ai obéi à la voix du Seigneur ! Je suis allé là où il m'envoyait, j'ai ramené Agag, roi d'Amalec, et j'ai voué Amalec à l'anathème. Dans le butin, le peuple a choisi le meilleur de ce qui était voué à l'anathème, petit et gros bétail, pour l'offrir en sacrifice au Seigneur ton Dieu, à Guilgal. » Samuel répliqua : « Le Seigneur aime-t-il les holocaustes et les sacrifices autant que l'obéissance à sa parole ? Oui, l'obéissance vaut mieux que le sacrifice, la docilité vaut mieux que la graisse des béliers. La révolte est un péché comme la divination ; la rébellion est une faute comme la consultation des idoles. Parce que tu as rejeté la parole du Seigneur, lui aussi t'a rejeté : tu ne seras plus roi* ! » – Parole du Seigneur.

Psaume 49 (50)

℟ ***À celui qui veille sur sa conduite, je ferai voir le salut de Dieu.***

« Écoute, mon peuple, je parle.
Moi, Dieu, je suis ton Dieu !
Je ne t'accuse pas pour tes sacrifices ;
tes holocaustes sont toujours devant moi. ℟

« Qu'as-tu à réciter mes lois,
à garder mon alliance à la bouche,
toi qui n'aimes pas les reproches
et rejettes loin de toi mes paroles ? ℟

« Voilà ce que tu fais ;
garderai-je le silence ?
Penses-tu que je suis comme toi ?
Je mets cela sous tes yeux, et je t'accuse. ℟

« Qui offre le sacrifice d'action de grâce,
celui-là me rend gloire :
sur le chemin qu'il aura pris,
je lui ferai voir le salut de Dieu. » ℟

Acclamation de l'Évangile

Alléluia. Alléluia. Elle est vivante, efficace, la parole de Dieu ; elle juge des intentions et des pensées du cœur. ***Alléluia.***

Évangile de Jésus Christ

selon saint Marc (2, 18-22)

« L'Époux est avec eux »

En ce temps-là, comme les disciples de Jean le Baptiste et les pharisiens jeûnaient, on vint demander à Jésus : « Pourquoi, alors que les disciples de Jean et les disciples des pharisiens jeûnent, tes disciples ne jeûnent-ils pas ? »
Jésus leur dit : « Les invités de la noce pourraient-ils jeûner, pendant que l'Époux est avec eux ? Tant qu'ils ont l'Époux avec eux, ils ne peuvent pas jeûner. Mais des jours viendront où l'Époux leur sera enlevé ; alors, ce jour-là, ils jeûneront.
« Personne ne raccommode un vieux vêtement avec une pièce d'étoffe neuve ; autrement le morceau neuf ajouté tire sur le vieux tissu et la déchirure s'agrandit. Ou encore, personne ne met du vin nouveau dans de vieilles outres ; car alors, le vin fera éclater les outres, et l'on perd à la fois le vin et les outres. À vin nouveau, outres neuves. »

Prière sur les offrandes

Que cette offrande, nous t'en prions, Seigneur, nous purifie et nous renouvelle ; qu'elle devienne pour ceux qui accomplissent ta volonté la cause de la récompense éternelle. Par le Christ, notre Seigneur. ***— Amen.***

Antienne de la communion

Ils mangèrent,
ils furent rassasiés,
Dieu comblait leur désir,
leur attente ne fut pas trompée.
(Ps 77, 29-30)

OU

Dieu a tant aimé le monde
qu'il a donné son Fils unique :
ainsi, celui qui croit en lui
ne périra pas, mais il obtiendra
la vie éternelle.
(Jn 3, 16)

Prière après la communion

Tu nous as fait goûter, Seigneur, aux joies du ciel, et nous te prions : donne-nous de toujours désirer ce qui nous fait vivre en vérité. Par le Christ, notre Seigneur. — ***Amen.***

INVITATION

En cette fête de saint Remi, je peux prier pour l'Église, particulièrement pour le diocèse de Reims, dont il fut l'évêque.

COMMENTAIRE

Un passé très présent

Marc 2, 18-22

Sommes-nous encore sensibles à la fraîcheur de l'Évangile ? Jésus est venu épouser l'humanité d'hier, d'aujourd'hui et de demain. Souvent, nostalgiques d'un passé révolu, nous ressemblons à des outres usées. Demandons à l'Esprit, qui renouvelle sans cesse la face de la terre, le discernement et l'audace nécessaires pour aller de l'avant. Nos contemporains ont soif d'une Bonne Nouvelle. Gardons l'espérance chevillée au corps. ■

Bénédicte de la Croix, *cistercienne*

✲ CLÉ DE LECTURE

« Tu ne seras plus roi »

1 Samuel 15, 23 *(p. 111)*

Le texte témoigne d'un effort manifeste et maladroit pour justifier l'échec de Saül, le roi d'abord choisi par Dieu. Puisque Saül est éliminé, il faut qu'il ait désobéi à Dieu et péché d'une façon ou d'une autre. Mais la stricte théologie de la rétribution qui préside largement aux livres de Samuel et des Rois ne parvient pas à nous convaincre. En fait, la figure de Saül représente une première tentative de royauté en Israël, vite avortée puisque le roi et son fils Jonathan sont tués au combat. Les auteurs en profitent toutefois pour donner une leçon forte à tous les puissants de la terre. Ils leur rappellent que le pouvoir est toujours menacé de sombrer dans la destruction et l'arbitraire et que la vraie royauté n'appartient qu'à Dieu seul ! ■

Roselyne Dupont-Roc, *bibliste*

Saint Remi

Couleur liturgique : blanc

V^{e}-VIe siècles. Évêque de Reims pendant 70 ans ! Il est resté célèbre pour avoir baptisé le roi Clovis Ier, faisant ainsi entrer le peuple franc dans l'Église.

Antienne d'ouverture

Je m'occuperai de mes brebis,
je veillerai sur elles, dit le Seigneur,
je susciterai à leur tête un seul berger.
Moi, le Seigneur, je serai leur Dieu.
(cf. Ez 34, 11. 23-24)

Prière

Seigneur Dieu, tu as voulu que l'œuvre apostolique de saint Remi et sa générosité à te servir fassent grandir ton Église ; accorde-nous, à son intercession, de garder la foi qu'il a transmise et de suivre ses exemples. Par Jésus Christ… ***— Amen.***

Prière sur les offrandes

En cette fête de saint Remi, Seigneur, nous t'en prions, regarde avec bonté les offrandes que nous déposons sur l'autel qui t'est consacré ; en nous procurant ton pardon, qu'elles servent à la gloire de ton nom. Par le Christ, notre Seigneur. ***— Amen.***

Antienne de la communion

Ce n'est pas vous qui m'avez choisi, dit le Seigneur, c'est moi qui vous ai choisis et établis, afin que vous alliez, que vous portiez du fruit, et que votre fruit demeure. (cf. Jn 15, 16)

Prière après la communion

Déjà rénovés par ces mystères très saints, nous te supplions humblement, Seigneur : puissions-nous, en prenant exemple sur saint Remi, professer ce qu'il a cru et pratiquer ce qu'il a enseigné. Par le Christ, notre Seigneur.
— Amen.

MARDI 16 JANVIER 2024

2e SEMAINE DU TEMPS ORDINAIRE COULEUR LITURGIQUE : VERT

Temps ordinaire, *suggestion d'oraisons et d'antiennes n° 7*

Antienne d'ouverture

Seigneur, j'ai mis mon espoir en ta miséricorde ; mon cœur a exulté dans ton salut ! Je chanterai le Seigneur pour le bien qu'il m'a fait. (cf. Ps 12, 6)

Prière

Dieu tout-puissant, nous t'en prions : accorde-nous de conformer à ta volonté nos paroles et nos actes dans une inlassable recherche des biens spirituels. Par Jésus…

— Amen.

Lecture

du premier livre de Samuel (16, 1-13)

« Samuel donna l'onction à David au milieu de ses frères. L'Esprit du Seigneur s'empara de David »

En ces jours-là, le Seigneur dit à Samuel : « Combien de temps encore seras-tu en deuil à cause de Saül ? Je l'ai rejeté pour qu'il ne règne plus sur Israël. Prends une corne que tu rempliras d'huile, et pars ! Je t'envoie auprès de Jessé de Bethléem, car j'ai vu parmi ses fils mon roi. » Samuel répondit : « Comment faire ? Saül va le savoir, et il me tuera. » Le Seigneur reprit : « Emmène avec toi une génisse, et tu diras que tu viens offrir un sacrifice au Seigneur. Tu convoqueras Jessé au sacrifice ; je t'indiquerai

moi-même ce que tu dois faire et tu me consacreras par l'onction celui que je te désignerai. » Samuel fit ce qu'avait dit le Seigneur. Quand il parvint à Bethléem, les anciens de la ville allèrent à sa rencontre en tremblant, et demandèrent : « Est-ce pour la paix que tu viens ? » Samuel répondit : « Oui, pour la paix. Je suis venu offrir un sacrifice au Seigneur. Purifiez-vous, et vous viendrez avec moi au sacrifice. » Il purifia Jessé et ses fils, et les convoqua au sacrifice. Lorsqu'ils arrivèrent et que Samuel aperçut Éliab, il se dit : « Sûrement, c'est lui le messie, lui qui recevra l'onction du Seigneur ! » Mais le Seigneur dit à Samuel : « Ne considère pas son apparence ni sa haute taille, car je l'ai écarté. Dieu ne regarde pas comme les hommes : les hommes regardent l'apparence, mais le Seigneur regarde le cœur. » Jessé appela Abinadab et le présenta à Samuel, qui dit : « Ce n'est pas lui non plus que le Seigneur a choisi. » Jessé présenta Shamma, mais Samuel dit : « Ce n'est pas lui non plus que le Seigneur a choisi. » Jessé présenta ainsi à Samuel ses sept fils, et Samuel lui dit : « Le Seigneur n'a choisi aucun de ceux-là. » Alors Samuel dit à Jessé : « N'as-tu pas d'autres garçons ? » Jessé répondit : « Il reste encore le plus jeune, il est en train de garder le troupeau. » Alors Samuel dit à Jessé : « Envoie-le chercher : nous ne nous mettrons pas à table tant qu'il ne sera pas arrivé. » Jessé le fit donc venir : le garçon était roux, il avait de beaux yeux, il était beau. Le Seigneur dit alors : « Lève-toi, donne-lui l'onction : c'est lui ! » Samuel prit la corne pleine d'huile, et lui donna l'onction au milieu de ses frères. L'Esprit du Seigneur s'empara de David à partir de ce jour-là. Quant à Samuel, il se mit en route et s'en revint à Rama.

– Parole du Seigneur.

Psaume 88 (89)

℟ ***J'ai trouvé David, mon serviteur.***

Autrefois, tu as parlé à tes amis,
dans une vision tu leur as dit :
« J'ai donné mon appui à un homme d'élite,
j'ai choisi dans ce peuple
un jeune homme. ℟

« J'ai trouvé David, mon serviteur,
je l'ai sacré avec mon huile sainte ;
et ma main sera pour toujours avec lui,
mon bras fortifiera son courage. ℟

« Il me dira : "Tu es mon Père,
mon Dieu, mon roc et mon salut !"
Et moi, j'en ferai mon fils aîné,
le plus grand des rois de la terre ! » ℟

Acclamation de l'Évangile

Alléluia. Alléluia. Que le Père de notre Seigneur Jésus Christ ouvre à sa lumière les yeux de notre cœur, pour que nous percevions l'espérance que donne son appel. ***Alléluia.***

Évangile de Jésus Christ

selon saint Marc (2, 23-28)

« Le sabbat a été fait pour l'homme, et non pas l'homme pour le sabbat »

Un jour de sabbat, Jésus marchait à travers les champs de blé ; et ses disciples, chemin faisant, se mirent à arracher des épis. Les pharisiens lui disaient : « Regarde ce qu'ils font le jour du sabbat ! Cela n'est pas permis. » Et Jésus leur dit : « N'avez-vous jamais lu ce que fit

David, lorsqu'il fut dans le besoin et qu'il eut faim, lui-même et ceux qui l'accompagnaient ? Au temps du grand prêtre Abiatar, il entra dans la maison de Dieu et mangea les pains de l'offrande que nul n'a le droit de manger, sinon les prêtres, et il en donna aussi à ceux qui l'accompagnaient. »
Il leur disait encore : « Le sabbat a été fait pour l'homme, et non pas l'homme pour le sabbat. Voilà pourquoi le Fils de l'homme est maître, même du sabbat. »

Prière sur les offrandes

En célébrant tes mystères, Seigneur, pour te servir comme il convient, nous te supplions humblement : que les dons offerts pour honorer ta gloire nous fassent progresser vers le salut. Par le Christ, notre Seigneur. – ***Amen.***

Antienne de la communion

De tout mon cœur, Seigneur,
je rendrai grâce, je dirai
tes innombrables merveilles ;
pour toi, j'exulterai,
je danserai, je fêterai ton nom,
Dieu Très-Haut.
(Ps 9, 2-3)

OU

Seigneur, je le crois :
tu es le Christ,
le Fils du Dieu vivant,
celui qui vient dans le monde.
(Jn 11, 27)

Prière après la communion
Nous t'en prions, Dieu tout-puissant : donne-nous de recueillir tous les fruits de salut dont ces mystères sont déjà la promesse et le gage. Par le Christ, notre Seigneur. — ***Amen.***

INVITATION

Je peux me renseigner sur la vie d'Anne-Marie Martel (voir p. 292) et prier pour sa famille religieuse.

COMMENTAIRE

Le secret du regard 1 Samuel 16, 1-13

« Dieu ne regarde pas comme les hommes : [… il] regarde le cœur. » Bouleversante déclaration de la part du Seigneur à son prophète, qui livre ainsi le secret de ses choix, la source de sa miséricorde. Je suis bien incapable de me connaître comme Dieu me connaît. N'est-il pas mon Créateur et Père ? Quel bonheur de lui faire confiance comme le fit Samuel conférant l'onction à David, le dernier de sa fratrie, l'improbable ! ■

Bénédicte de la Croix, *cistercienne*

MERCREDI 17 JANVIER 2024

2E SEMAINE DU TEMPS ORDINAIRE COULEUR LITURGIQUE : BLANC

Saint Antoine

IIIe-IVe siècles. Cet Égyptien vécut en ermite, dans le désert, avant de créer des communautés. Il est considéré comme le père de tous les moines.

Antienne d'ouverture

Le juste grandira comme un palmier,
il poussera comme un cèdre du Liban ;
planté dans les parvis du Seigneur,
il grandira dans la maison de notre Dieu.

(cf. Ps 91, 13-14)

Prière

Seigneur Dieu, tu as donné au bienheureux abbé Antoine de te servir au désert par une admirable manière de vivre ; accorde-nous, à son intercession, de renoncer à nous-mêmes pour t'aimer sans cesse et plus que tout. Par Jésus… — ***Amen.***

Lecture

du premier livre de Samuel (17, 32-33.37.40-51)

« David triompha du Philistin avec une fronde et un caillou »

En ces jours-là, le Philistin Goliath venait tous les jours défier l'armée d'Israël. David dit à Saül : « Que personne ne perde courage à cause de ce Philistin. Moi, ton serviteur, j'irai me battre avec lui. » Saül répondit à David : « Tu ne peux pas marcher contre ce Philistin pour

lutter avec lui, car tu n'es qu'un enfant, et lui, c'est un homme de guerre depuis sa jeunesse. » David insista : « Le Seigneur, qui m'a délivré des griffes du lion et de l'ours, me délivrera des mains de ce Philistin. » Alors Saül lui dit : « Va, et que le Seigneur soit avec toi ! »

David prit en main son bâton, il se choisit dans le torrent cinq cailloux bien lisses et les mit dans son sac de berger, dans une poche ; puis, la fronde à la main, il s'avança vers le Philistin. Le Philistin se mit en marche et, précédé de son porte-bouclier, approcha de David. Lorsqu'il le vit, il le regarda avec mépris car c'était un jeune garçon ; il était roux et de belle apparence. Le Philistin lui dit : « Suis-je donc un chien, pour que tu viennes contre moi avec un bâton ? »

Puis il le maudit en invoquant ses dieux. Il dit à David : « Viens vers moi, que je te donne en pâture aux oiseaux du ciel et aux bêtes sauvages ! » David lui répondit : « Tu viens contre moi avec épée, lance et javelot, mais moi, je viens contre toi avec le nom du Seigneur des armées, le Dieu des troupes d'Israël que tu as défié. Aujourd'hui le Seigneur va te livrer entre mes mains, je vais t'abattre, te trancher la tête, donner aujourd'hui même les cadavres de l'armée philistine aux oiseaux du ciel et aux bêtes de la terre. Toute la terre saura qu'il y a un Dieu pour Israël, et tous ces gens rassemblés sauront que le Seigneur ne donne la victoire ni par l'épée ni par la lance, mais que le Seigneur est maître du combat, et qu'il vous livre entre nos mains. »

Goliath s'était dressé, s'était mis en marche et s'approchait à la rencontre de David. Celui-ci s'élança et courut vers les lignes des ennemis à la rencontre du Philistin. Il plongea la main dans son sac, et en retira un caillou qu'il lança avec sa fronde. Il atteignit le Philistin au front, le caillou s'y enfonça, et Goliath tomba face contre terre. Ainsi David triompha du Philistin avec une fronde et un caillou : quand il frappa le Philistin et le mit à mort, il n'avait pas d'épée à la main. Mais David courut ; arrivé près du Philistin, il lui prit son épée, qu'il tira du fourreau, et le tua en lui coupant la tête. Quand les Philistins virent que leur héros était mort, ils prirent la fuite. – Parole du Seigneur.

Psaume 143 (144)

℟ ***Béni soit le Seigneur, mon rocher !***

Béni soit le Seigneur, mon rocher !
Il exerce mes mains pour le combat,
il m'entraîne à la bataille. ℟

Il est mon allié, ma forteresse,
ma citadelle, celui qui me libère ;
il est le bouclier qui m'abrite,
il me donne pouvoir sur mon peuple. ℟

Pour toi, je chanterai un chant nouveau,
pour toi, je jouerai sur la harpe
à dix cordes,
pour toi qui donnes aux rois la victoire
et sauves de l'épée meurtrière David,
ton serviteur. ℟

Acclamation de l'Évangile

Alléluia. Alléluia. Jésus proclamait l'Évangile du Royaume et guérissait toute infirmité dans le peuple. ***Alléluia.***

Évangile de Jésus Christ
selon saint Marc (3, 1-6)

« Est-il permis, le jour du sabbat, de sauver une vie ou de tuer ? »

En ce temps-là, Jésus entra de nouveau dans une synagogue ; il y avait là un homme dont la main était atrophiée. On observait Jésus pour voir s'il le guérirait le jour du sabbat. C'était afin de pouvoir l'accuser. Il dit à l'homme qui avait la main atrophiée : « Lève-toi, viens au milieu. » Et s'adressant aux autres : « Est-il permis, le jour du sabbat, de faire le bien ou de faire le mal ? de sauver une vie ou de tuer ? » Mais eux se taisaient. Alors, promenant sur eux un regard de colère, navré de l'endurcissement de leurs cœurs, il dit à l'homme : « Étends la main. » Il l'étendit, et sa main redevint normale.

Une fois sortis, les pharisiens se réunirent en conseil avec les partisans d'Hérode contre Jésus, pour voir comment le faire périr.

Prière sur les offrandes
Accepte, Seigneur, comme un hommage de tes serviteurs l'offrande que nous déposons sur ton autel en faisant mémoire du bienheureux Antoine ; et permets que, libérés des fardeaux d'ici-bas, nous n'ayons d'autre richesse que toi. Par le Christ, notre Seigneur. ***— Amen.***

Antienne de la communion
Si tu veux être parfait,
dit le Seigneur, va, vends
ce que tu possèdes, donne-le
aux pauvres, et suis-moi.
(cf. Mt 19, 21)

Prière après la communion

Par ton sacrement, Seigneur, tu nous as procuré la nourriture du salut ; fais-nous toujours échapper aux embûches de l'Ennemi, toi qui as donné au bienheureux Antoine de remporter sur les puissances des ténèbres d'éclatantes victoires. Par le Christ, notre Seigneur. ***— Amen.***

INVITATION

À la veille de la Semaine de prière pour l'unité des chrétiens, je peux reprendre dans ma prière l'intention universelle du Saint-Père pour ce mois-ci (lire p. 6).

COMMENTAIRE

Ce n'est pas rien 1 Samuel 17, 32-33.37.40-51

Cinq cailloux et un bâton, voilà David armé pour affronter le géant Goliath. Cinq pains et deux poissons, voilà les maigres provisions dont disposent les disciples pour rassasier plusieurs milliers de personnes (cf. Mt 14, 17-21 ; Mc 6, 38-44 ; Lc 9, 13-17 ; Jn 6, 9-11). Dieu est déconcertant. Sa grâce s'enracine dans « le presque rien » de ce que chacun peut donner, aussi minime que soit sa contribution. Si nous le croyons, nos jérémiades sur les moyens forcément limités se changeront en confiance. ■

***Bénédicte de la Croix,** cistercienne*

Semaine de prière pour l'unité des chrétiens

« Tu aimeras le Seigneur ton Dieu…
et ton prochain comme toi-même. » (Luc 10, 27)

Les textes présentés sont extraits du document proposé par le Dicastère pour la promotion de l'unité des chrétiens et la Commission foi et constitution du Conseil œcuménique des Églises. Il est préparé cette année par une équipe œcuménique du Burkina Faso, animée par la communauté locale du Chemin Neuf (CCN). Il reprend et commente des versets de l'évangile de Luc de la Traduction œcuménique de la Bible. Plus d'informations sur le site de l'Unité des chrétiens : semainedepriere.unitedeschretiens.fr

JEUDI 18 JANVIER 2024

2ᴱ SEMAINE DU TEMPS ORDINAIRE COULEUR LITURGIQUE : VERT

Temps ordinaire, *suggestion d'oraisons et d'antiennes n° 8*

Antienne d'ouverture

Le Seigneur s'est fait mon protecteur,
il m'a dégagé, mis au large,
il m'a libéré, car il m'aime. (cf. Ps 17, 19-20)

Prière

Nous t'en prions, Seigneur, accorde-nous de vivre dans un monde où les événements se déroulent selon ton dessein de paix, et où ton Église connaisse la joie de te servir dans la sérénité. Par Jésus… — ***Amen.***

Lecture

du premier livre de Samuel (18, 6-9 ; 19, 1-7)

« Mon père Saül cherche à te faire mourir »

En ces jours-là, au retour de l'armée, lorsque David revint après avoir tué le Philistin, les femmes sortirent de toutes les villes d'Israël à la rencontre du roi Saül pour chanter et danser au son des tambourins, des cris de joie et des cymbales. Les femmes dansaient en se renvoyant ce refrain : « Saül a tué ses milliers, et David, ses dizaines de milliers. » Saül le prit très mal et fut très irrité. Il disait : « À David on attribue les dizaines de milliers, et à moi les milliers ; il ne lui manque plus que

la royauté ! » Depuis ce jour-là, Saül regardait David avec méfiance.
Saül dit à son fils Jonathan et à tous ses serviteurs son intention de faire mourir David. Mais Jonathan, le fils de Saül, aimait beaucoup David* et il alla le prévenir : « Mon père Saül cherche à te faire mourir. Demain matin, sois sur tes gardes, mets-toi à l'abri, dissimule-toi. Moi, je sortirai et je me tiendrai à côté de mon père dans le champ où tu seras. Je parlerai de toi à mon père, je verrai ce qu'il en est et je te le ferai savoir. »
Jonathan fit à son père Saül l'éloge de David ; il dit : « Que le roi ne commette pas de faute contre son serviteur David, car lui n'a commis aucune faute envers toi. Au contraire, ses exploits sont une très bonne chose pour toi. Il a risqué sa vie, il a frappé à mort Goliath le Philistin, et le Seigneur a donné une grande victoire à tout Israël : tu l'as vu et tu en as été heureux. Pourquoi donc commettre une faute contre la vie d'un innocent, en faisant mourir David sans motif ? »
Saül écouta Jonathan et fit ce serment : « Par le Seigneur vivant, il ne sera pas mis à mort ! » Alors Jonathan appela David et lui répéta tout ce que le roi avait dit. Puis il le conduisit à Saül, et David reprit sa place comme avant. – Parole du Seigneur.

Psaume 55 (56)

℟ ***Sur Dieu, je prends appui : plus rien ne me fait peur.***

Pitié, mon Dieu !
Des hommes s'acharnent contre moi ;
tout le jour, ils me combattent, ils me harcèlent.

Ils s'acharnent, ils me guettent tout le jour ;
mais là-haut,
une armée combat pour moi. ℟

Toi qui comptes mes pas vagabonds,
recueille en tes outres mes larmes.
Le jour où j'appellerai, mes ennemis reculeront ;
je le sais, Dieu est pour moi. ℟

Sur Dieu dont j'exalte la parole,
sur Dieu, je prends appui :
plus rien ne me fait peur !
Que peuvent sur moi des humains ? ℟

Mon Dieu, je tiendrai ma promesse,
je t'offrirai des sacrifices d'action de grâce ;
car tu m'as délivré de la mort
et tu préserves mes pieds de la chute. ℟

Acclamation de l'Évangile

Alléluia. Alléluia. Notre Sauveur, le Christ Jésus, a détruit la mort ; il a fait resplendir la vie par l'Évangile. ***Alléluia.***

14 - 20

Évangile de Jésus Christ

selon saint Marc (3, 7-12)

« Les esprits impurs criaient : "Toi, tu es le Fils de Dieu !" Mais il leur défendait vivement de le faire connaître »

En ce temps-là, Jésus se retira avec ses disciples près de la mer, et une grande multitude de gens, venus de la Galilée, le suivirent. De Judée, de Jérusalem, d'Idumée, de Transjordanie, et de la région de Tyr et de Sidon vinrent aussi à lui une multitude de gens qui avaient entendu parler de ce qu'il faisait. Il dit à ses disciples de tenir une barque à sa disposition pour que la foule ne l'écrase pas. Car il avait fait beaucoup de guérisons, si bien que tous ceux qui souffraient de quelque mal se précipitaient sur lui pour le toucher. Et lorsque les esprits impurs le voyaient, ils se jetaient à ses pieds et criaient : « Toi, tu es le Fils de Dieu ! » Mais il leur défendait vivement de le faire connaître.

Prière sur les offrandes

Seigneur Dieu, ce qui est offert en l'honneur de ton nom, c'est toi qui le donnes, et tu reconnais dans ces offrandes notre attachement à ton service ; nous implorons ta bonté : que ta largesse, d'où vient notre mérite, contribue à notre récompense éternelle. Par le Christ, notre Seigneur. — ***Amen.***

Antienne de la communion

Je chanterai le Seigneur
pour le bien qu'il m'a fait ;
je fêterai le nom du Seigneur,
le Très-Haut. (cf. Ps 12, 6 ; 9a, 3)

OU

Je suis avec vous tous les jours
jusqu'à la fin du monde,
dit le Seigneur.
(Mt 28, 20)

Prière après la communion

Tu nous as rassasiés, Seigneur, par ce don qui nous sauve, et nous implorons ta miséricorde : par ce même sacrement qui nous fortifie en cette vie, rends-nous, dans ta bonté, participants de la vie éternelle. Par le Christ, notre Seigneur. — ***Amen.***

INVITATION

En communion avec mes frères chrétiens orthodoxes, protestants…
je prie le Notre Père.

COMMENTAIRE

Une foule touchante Marc 3, 7-12

Jésus est obligé de monter sur une barque pour s'adresser à la foule pour qu'elle « ne l'écrase pas ». Lorsque nous lisons l'évangile, nous sommes à des années-lumière d'imaginer les attroupements provoqués par le rabbi de Nazareth. Qui d'entre nous n'a pas changé de trottoir pour éviter une femme ou un homme qui tend la main ? Non seulement le Fils de l'homme se laisse toucher, mais il lui arrive d'être remué jusque dans ses entrailles, de pleurer... ■

Bénédicte de la Croix, *cistercienne*

❊ CLÉ DE LECTURE

« Aimait beaucoup David » 1 Samuel 19, 1 *(p. 128)*

Les succès militaires de David seraient-ils le signe de la bénédiction de Dieu, qui veut faire de lui le roi d'Israël ? Cette conception révoltante habite souvent les théologies dites « de la prospérité et de la réussite », mais elle correspond aussi à la légitime reconnaissance populaire qui acclame le vainqueur. Les auteurs bibliques le savent. Mais ils savent aussi les limites d'un tel succès. David n'aurait pas échappé à la jalousie de Saül, le roi en place, si Jonathan n'avait aimé David et pris tous les risques pour le défendre. Ce sont d'abord les liens humains de l'amitié et de l'amour qui assurent la protection de celui qui est menacé. C'est l'intelligence politique éclairée par le souci de l'autre qui permet au dessein de Dieu de s'accomplir. ■

Roselyne Dupont-Roc, *bibliste*

Aide-nous, Seigneur, à avoir une vie tournée vers toi

Un légiste se leva et lui dit, pour le mettre à l'épreuve : « Maître, que dois-je faire pour recevoir en partage la vie éternelle ? » (Lc 10, 25)

Propositions de lectures

Romains 14, 8-9
Psaume 103, 13-18

Prière

Dieu de vie,
toi qui nous as créés pour que nous ayons la vie,
et la vie en abondance, fais que nous reconnaissions chez
nos frères et nos sœurs leur désir de vie éternelle.
Et alors que nous marchons avec détermination
sur les pas de Jésus, fais que nous menions d'autres vers toi.
Nous t'en prions en son nom. Amen.

Retrouvez les réflexions bibliques sur le site : www.unitedeschretiens.fr

*

Temps ordinaire, *suggestion d'oraisons et d'antiennes n° 9*

Antienne d'ouverture

Regarde-moi, Seigneur, et prends pitié de moi,
de moi qui suis seul et misérable.
Vois ma misère et ma peine, enlève tous mes péchés,
toi, mon Dieu. (cf. Ps 24, 16.18)

Prière

Seigneur Dieu, nous en appelons à ta providence qui, dans ses desseins, jamais ne se trompe, et nous te supplions humblement : tout ce qui fait du mal, écarte-le, donne-nous ce qui pourra nous aider. Par Jésus… ***— Amen.***

Lecture

du premier livre de Samuel (24, 3-21)

« Je ne porterai pas la main sur celui qui a reçu l'onction du Seigneur »

En ces jours-là, Saül prit trois mille hommes, choisis dans tout Israël, et partit à la recherche de David et de ses gens en face du Rocher des Bouquetins. Il arriva aux parcs à moutons qui sont en bordure de la route ; il y a là une grotte, où Saül entra pour se soulager. Or, David et ses hommes se trouvaient au fond de la grotte. Les hommes de David lui dirent : « Voici le jour dont le Seigneur t'a dit : “Je livrerai ton ennemi entre

tes mains, tu en feras ce que tu voudras." » David vint couper furtivement le pan du manteau de Saül. Alors le cœur lui battit d'avoir coupé le pan du manteau de Saül. Il dit à ses hommes : « Que le Seigneur me préserve de faire une chose pareille à mon maître, qui a reçu l'onction du Seigneur : porter la main sur lui, qui est le messie du Seigneur. » Par ses paroles, David retint ses hommes. Il leur interdit de se jeter sur Saül.
Alors Saül quitta la grotte et continua sa route. David se leva, sortit de la grotte, et lui cria : « Mon seigneur le roi ! » Saül regarda derrière lui. David s'inclina jusqu'à terre et se prosterna, puis il lui cria : « Pourquoi écoutes-tu les gens qui te disent : "David te veut du mal" ? Aujourd'hui même, tes yeux ont vu comment le Seigneur t'avait livré entre mes mains dans la grotte ; pourtant, j'ai refusé de te tuer, je t'ai épargné et j'ai dit : "Je ne porterai pas la main sur mon seigneur le roi qui a reçu l'onction du Seigneur." Regarde, père, regarde donc : voici dans ma main le pan de ton manteau. Puisque j'ai pu le couper, et que pourtant je ne t'ai pas tué, reconnais qu'il n'y a en moi ni méchanceté ni révolte. Je n'ai pas commis de faute contre toi, alors que toi, tu traques ma vie pour me l'enlever. C'est le Seigneur qui sera juge entre toi et moi, c'est le Seigneur qui me vengera de toi, mais ma main ne te touchera pas ! Comme dit le vieux proverbe : "Des méchants sort la méchanceté." C'est pourquoi ma main ne te touchera pas. Après qui donc le roi d'Israël s'est-il mis en campagne ? Après qui cours-tu donc ? Après un chien crevé, après une puce ? Que le Seigneur soit notre arbitre, qu'il juge entre toi et moi, qu'il examine et défende ma cause, et qu'il me rende justice, en me délivrant de ta main ! »

Lorsque David eut fini de parler, Saül s'écria : « Est-ce bien ta voix que j'entends, mon fils David ? » Et Saül se mit à crier et à pleurer. Puis il dit à David : « Toi, tu es juste, et plus que moi : car toi, tu m'as fait du bien, et moi, je t'ai fait du mal. Aujourd'hui tu as montré toute ta bonté envers moi : le Seigneur m'avait livré entre tes mains, et tu ne m'as pas tué ! Quand un homme surprend son ennemi, va-t-il le laisser partir tranquillement ? Que le Seigneur te récompense pour le bien que tu m'as fait aujourd'hui. Je sais maintenant que tu régneras certainement, et que la royauté d'Israël tiendra bon en ta main. » – Parole du Seigneur.

Psaume 56 (57)

℟ ***Pitié pour moi, mon Dieu, pitié pour moi !***

Pitié, mon Dieu, pitié pour moi !
En toi je cherche refuge,
un refuge à l'ombre de tes ailes,
aussi longtemps que dure le malheur. ℟

Je crie vers Dieu, le Très-Haut,
vers Dieu qui fera tout pour moi.
Du ciel, qu'il m'envoie le salut,
qu'il envoie son amour et sa vérité ! ℟

Dieu, lève-toi sur les cieux :
que ta gloire domine la terre !
Ton amour est plus grand que les cieux,
ta vérité, plus haute que les nues. ℟

Acclamation de l'Évangile

Alléluia. Alléluia. Dans le Christ, Dieu réconciliait le monde avec lui : il a mis dans notre bouche la parole de la réconciliation. ***Alléluia.***

Évangile de Jésus Christ

selon saint Marc (3, 13-19)

« Jésus appela ceux qu'il voulait pour qu'ils soient avec lui »

En ce temps-là, Jésus gravit la montagne, et il appela ceux qu'il voulait. Ils vinrent auprès de lui, et il en institua douze pour qu'ils soient avec lui et pour les envoyer proclamer la Bonne Nouvelle avec le pouvoir d'expulser les démons. Donc, il établit les Douze : Pierre – c'est le nom qu'il donna à Simon –, Jacques, fils de Zébédée, et Jean, le frère de Jacques – il leur donna le nom de « Boanerguès », c'est-à-dire : « Fils du tonnerre » –, André, Philippe, Barthélemy, Matthieu, Thomas, Jacques, fils d'Alphée, Thaddée, Simon le Zélote, et Judas Iscariote, celui-là même qui le livra.

Prière sur les offrandes

Confiants dans ta tendresse, Seigneur, nous approchons de ton autel avec respect en apportant nos présents ; puissions-nous, par un effet de ta grâce qui nous purifie, être renouvelés par ces mystères que nous célébrons. Par le Christ, notre Seigneur. **— *Amen.***

Antienne de la communion

J'ai crié vers toi,
Dieu qui m'as exaucé :
incline ton oreille,
entends ce que je dis.
(cf. Ps 16, 6)

OU

Amen, je vous le dis : tout
ce que vous demandez dans la prière,
croyez que vous l'avez obtenu,
et cela vous sera accordé,
dit le Seigneur. (Mc 11, 23.24)

Prière après la communion
Guide-nous par ton Esprit, nous t'en prions, Seigneur, toi qui nous as nourris du corps et du sang de ton Fils : accorde-nous de te rendre témoignage, non seulement en paroles et par des discours, mais aussi en actes et en vérité, pour mériter d'entrer dans le royaume des Cieux. Par le Christ, notre Seigneur. — ***Amen.***

INVITATION

En cette Semaine de prière pour l'unité des chrétiens, je m'informe :
y a-t-il une célébration œcuménique dans mon diocèse ? Je pourrais y participer.

COMMENTAIRE

Un peu de bonté 1 Samuel 24, 3-21

Le caractère réaliste de cette rencontre décisive entre le vieux roi Saül et David nous autorise à reconstituer la scène qui ne manque pas de piquant ! Au-delà du caractère trivial de l'épisode, c'est la mansuétude de David qui restera gravée dans toutes les mémoires. Refusant de se venger, l'oint de Dieu laisse à son seigneur le dernier mot d'une histoire empreinte de jalousie et de violence. Un exemple à méditer en songeant à nos ennemis ! ■

Bénédicte de la Croix, cistercienne

Aide-moi, Seigneur, à t'aimer, à aimer mon prochain et moi-même de tout mon être

Le légiste lui répondit : « Tu aimeras le Seigneur ton Dieu de tout ton cœur, de toute ton âme, de toute ta force et de toute ta pensée, et ton prochain comme toi-même. » (Lc 10, 27)

Propositions de lectures

Deutéronome 10, 12-13. Psaume 133

Prière

Seigneur, accorde-nous la grâce de te connaître plus profondément, afin que nous puissions t'aimer de tout notre être. Donne-nous un cœur pur pour aimer notre prochain comme nous-mêmes. Fais que le don de ton Saint-Esprit nous rende capables de reconnaître ta présence en nos sœurs et nos frères, et que nous nous aimions les uns les autres du même amour inconditionnel que celui que tu as pour nous. Par le Christ notre Seigneur. Amen.

Retrouvez les réflexions bibliques sur le site : www.unitedeschretiens.fr

SAMEDI 20 JANVIER 2024

2E SEMAINE DU TEMPS ORDINAIRE COULEUR LITURGIQUE : VERT

Temps ordinaire, *suggestion d'oraisons et d'antiennes n° 10*
ou **bienheureuse Vierge Marie,** *voir p. 91*
ou **saint Fabien** *ou* **saint Sébastien**

Antienne d'ouverture

Le Seigneur est ma lumière et mon salut ; de qui aurais-je crainte ?
Le Seigneur est le rempart de ma vie ; devant qui tremblerais-je ?
Mes ennemis, mes adversaires perdent pied et succombent. (Ps 26, 1-2)

Prière

Seigneur Dieu, source de tout bien, réponds sans te lasser à notre appel : inspire-nous de discerner ce qui est juste et dirige-nous pour que nous puissions l'accomplir. Par Jésus… ***— Amen.***

Lecture

du deuxième livre de Samuel (1, 1-4.11-12.19.23-27)

« Comment sont-ils tombés, les héros, au milieu du combat ? »

En ces jours-là, David, après avoir battu les Amalécites, revint à Ciqlag et y demeura deux jours. Or, le troisième jour, un homme arriva du camp de Saül, les vêtements déchirés et la tête couverte de poussière. En arrivant auprès de David, il se jeta à terre et se prosterna. David lui demanda : « D'où viens-tu donc ? » Il lui répondit : « Je me suis échappé du camp d'Israël. » David lui dit : « Que s'est-il passé ? Raconte-le-moi ! » L'homme répondit : « Le peuple s'est enfui du champ de bataille ;

beaucoup d'entre eux sont tombés et sont morts. Et même Saül et son fils Jonathan sont morts ! » Alors David arracha et déchira ses vêtements, et tous les hommes qui étaient avec lui firent de même. Ils se lamentèrent, pleurèrent et jeûnèrent jusqu'au soir, à cause de Saül et de son fils Jonathan, à cause du peuple du Seigneur et de la maison d'Israël, parce qu'ils étaient tombés par l'épée.

Alors David chanta cette lamentation : « Ta fierté, Israël, transpercée sur tes hauteurs ! Comment sont-ils tombés, les héros ? Saül et Jonathan, aimables, pleins de charme, ni dans la vie ni dans la mort ne furent séparés, plus rapides que les aigles, plus vaillants que les lions. Filles d'Israël, pleurez sur Saül : il vous revêtait de pourpre somptueuse et rehaussait de joyaux d'or vos vêtements.

« Comment sont-ils tombés, les héros, au milieu du combat ?

« Jonathan, transpercé sur les hauteurs ! J'ai le cœur serré à cause de toi, mon frère Jonathan. Tu étais plein d'affection pour moi, et ton amitié pour moi était merveille plus grande que l'amour des femmes !

« Comment sont-ils tombés, les héros ? Comment ont-elles disparu, les armes du combat ? »

– Parole du Seigneur.

Psaume 79 (80)

℟ ***Que ton visage s'éclaire et nous serons sauvés !***

Berger d'Israël, écoute,
toi qui conduis Joseph, ton troupeau :
resplendis au-dessus des Kéroubim,
devant Éphraïm, Benjamin, Manassé !
Réveille ta vaillance
et viens nous sauver. ℟

Seigneur, Dieu de l'univers,
vas-tu longtemps encore opposer
ta colère aux prières de ton peuple,
le nourrir du pain de ses larmes,
l'abreuver de larmes sans mesure ?
Tu fais de nous la cible des voisins :
nos ennemis ont
vraiment de quoi rire ! ℟

Acclamation de l'Évangile

Alléluia. Alléluia. Seigneur, ouvre notre cœur pour nous rendre attentifs aux paroles de ton Fils. ***Alléluia.***

Évangile de Jésus Christ

selon saint Marc (3, 20-21)

« Les gens de chez lui affirmaient : Il a perdu la tête »

En ce temps-là, Jésus revint à la maison, où de nouveau la foule se rassembla, si bien qu'il n'était même pas possible de manger. Les gens de chez lui, l'apprenant, vinrent pour se saisir de lui, car ils affirmaient : « Il a perdu la tête. »

Prière sur les offrandes

Regarde favorablement tes serviteurs, Seigneur, nous t'en prions : que notre offrande soit pour toi un présent agréable et nous fasse grandir en charité. Par le Christ, notre Seigneur. ***— Amen.***

Antienne de la communion

Le Seigneur est ma forteresse,
mon refuge et mon libérateur.
Mon Dieu vient à mon aide.
(cf. Ps 17, 2-3)

OU

Dieu est amour : qui demeure
dans l'amour demeure en Dieu,
et Dieu demeure en lui. (1 Jn 4, 16)

Prière après la communion

Par ta force de guérison, Seigneur, dans ta bonté, libère-nous de nos égarements, et conduis-nous sur le droit chemin. Par le Christ, notre Seigneur.
— Amen.

INVITATION

Le dimanche de la Parole est célébré demain. Et si, en cette Semaine d'unité, je lisais une traduction œcuménique de l'évangile de demain ?

COMMENTAIRE

Les braves gens

Marc 3, 20-21

« Les gens de chez lui » affirment de Jésus : « Il a perdu la tête. » Ne nous offusquons pas trop vite. Combien de fois avons-nous jugé péremptoirement un proche, certains de bien le connaître ? Dans un monde où le premier venu peut être livré en pâture sur les réseaux sociaux, lynché médiatiquement, écoutons la voix du Père prononcer cette parole de bénédiction sur chacun de ses enfants : « Tu es mon Fils bien-aimé ; en toi, je trouve ma joie » (Mc 1, 11). ■ ***Bénédicte de la Croix,*** *cistercienne*

Seigneur, ouvre nos cœurs à ceux que nous ne voyons pas

« Et qui est mon prochain ? » (Lc 10, 29)

Propositions de lectures

Romains 13, 8-10
Psaume 119, 57-63

Prière

Dieu très aimant,
qui as inscrit l'amour dans nos cœurs,
insuffle en nous le courage de regarder au-delà de nous-mêmes,
et de reconnaître notre prochain dans ceux qui sont différents
de nous, afin que nous puissions vraiment suivre Jésus Christ,
notre frère et notre ami,
qui est le Seigneur pour les siècles des siècles. Amen.

Retrouvez les réflexions bibliques sur le site : www.unitedeschretiens.fr

DIMANCHE 21 JANVIER 2024

3E DIMANCHE DU TEMPS ORDINAIRE

ANNÉE B – COULEUR LITURGIQUE : VERT

© Delphine Renon

« Venez à ma suite. Je vous ferai devenir pêcheurs d'hommes. » Marc 1, 17

« Convertissez-vous et croyez à l'Évangile. » En chemin sur les routes de la Galilée, le Christ appelle Simon, André, Jacques et Jean à marcher à sa suite. Il les associe à sa mission, celle d'inviter les foules à la conversion. Le Christ compte sur nous également. Comme les premiers disciples, proclamons la parole du Christ à temps et à contretemps, devenons des ambassadeurs de la Bonne Nouvelle.

RITES INITIAUX

Chant d'entrée *(Suggestions p. 259)*
OU
Antienne d'ouverture
Chantez au Seigneur un chant nouveau, chantez au Seigneur,
terre entière. Devant lui, splendeur et majesté,
dans son sanctuaire, puissance et beauté. (Ps 95, 1.6)

Suggestion de préparation pénitentielle *(ou p. 229)*
Frères et sœurs, en ce dimanche de la Parole, préparons-nous à célébrer le mystère de l'eucharistie, en reconnaissant que nous avons péché.

Seigneur Jésus, venu dans le monde annoncer la Parole de vie, tu nous enseignes tes voies. Seigneur, prends pitié.
— Seigneur, prends pitié.
Ô Christ, toi dont la Parole invite les hommes à la conversion, tu montres aux pécheurs le chemin. Ô Christ, prends pitié.
— Ô Christ, prends pitié.
Seigneur, toi dont la Parole déborde d'amour et de bonté, ton amour est de toujours à toujours. Seigneur, prends pitié.
— Seigneur, prends pitié.

Que Dieu tout-puissant nous fasse miséricorde ; qu'il nous pardonne nos péchés et nous conduise à la vie éternelle. ***— Amen.***

Gloire à Dieu *(p. 231)*

Prière

Dieu éternel et tout-puissant, dans ta bienveillance, dirige nos actions, afin qu'au nom de ton Fils bien-aimé, nous portions des fruits en abondance. Par Jésus… – ***Amen.***

LITURGIE DE LA PAROLE

Lecture du livre de Jonas (3, 1-5.10)

« Les gens de Ninive se détournèrent de leur conduite mauvaise »

La parole du Seigneur fut adressée de nouveau à Jonas : « Lève-toi, va à Ninive, la grande ville païenne, proclame le message que je te donne sur elle. » Jonas se leva et partit pour Ninive, selon la parole du Seigneur. Or, Ninive était une ville extraordinairement grande : il fallait trois jours pour la traverser. Jonas la parcourut une journée à peine en proclamant : « Encore quarante jours, et Ninive sera détruite ! » Aussitôt, les gens de Ninive crurent en Dieu. Ils annoncèrent un jeûne, et tous, du plus grand au plus petit, se vêtirent de toile à sac.

En voyant leur réaction, et comment ils se détournaient de leur conduite mauvaise, Dieu renonça au châtiment dont il les avait menacés.

– Parole du Seigneur.

Psaume 24 (25)

℟ ***Seigneur, enseigne-moi tes chemins.***

T. : AELF ; M. : B. Delattre ; Éd. : ADF.

Seigneur, enseigne-moi tes voies,
fais-moi connaître ta route.
Dirige-moi par ta vérité, enseigne-moi,
car tu es le Dieu qui me sauve. ℟

Rappelle-toi, Seigneur, ta tendresse,
ton amour qui est de toujours.
Dans ton amour, ne m'oublie pas,
en raison de ta bonté, Seigneur. ℟

Il est droit, il est bon, le Seigneur,
lui qui montre aux pécheurs le chemin.
Sa justice dirige les humbles,
il enseigne aux humbles son chemin. ℟

Retrouvez
ce psaume sur le CD
"Les psaumes
de l'année B"

Lecture de la première lettre de saint Paul apôtre aux Corinthiens (7, 29-31)

« Il passe, ce monde tel que nous le voyons »

Frères, je dois vous le dire : le temps est limité. Dès lors, que ceux qui ont une femme soient comme s'ils n'avaient pas de femme, ceux qui pleurent, comme s'ils ne pleuraient pas, ceux qui ont de la joie, comme s'ils n'en avaient pas, ceux qui font des achats, comme s'ils ne possédaient rien, ceux qui profitent de ce monde, comme s'ils n'en profitaient pas vraiment. Car il passe, ce monde tel que nous le voyons.

– Parole du Seigneur.

Acclamation de l'Évangile

Alléluia. Alléluia. Le règne de Dieu est tout proche. Convertissez-vous et croyez à l'Évangile. ***Alléluia.***

U 22-80 ; T. et M. : M. Wackenheim ; Bayard liturgie.

Évangile de Jésus Christ selon saint Marc (1, 14-20)

« Convertissez-vous et croyez à l'Évangile »

Après l'arrestation de Jean le Baptiste, Jésus partit pour la Galilée proclamer l'Évangile de Dieu; il disait : « Les temps sont accomplis : le règne de Dieu est tout proche. Convertissez-vous et croyez à l'Évangile. »
Passant le long de la mer de Galilée, Jésus vit Simon et André, le frère de Simon, en train de jeter les filets dans la mer, car c'étaient des pêcheurs. Il leur dit : « Venez à ma suite. Je vous ferai devenir pêcheurs d'hommes. » Aussitôt, laissant leurs filets, ils le suivirent. Jésus avança un peu et il vit Jacques, fils de Zébédée, et son frère Jean, qui étaient dans la barque et réparaient les filets. Aussitôt, Jésus les appela. Alors, laissant dans la barque leur père Zébédée avec ses ouvriers, ils partirent à sa suite.

Homélie

Profession de foi *(p. 232)*

Suggestion de prière universelle

Le prêtre :

La Bonne Nouvelle nous apporte espoir, confiance et espérance. D'un seul cœur, tournons-nous vers le Christ, confions-lui nos prières pour le monde entier.

℟ ***Christ ressuscité, exauce-nous.***

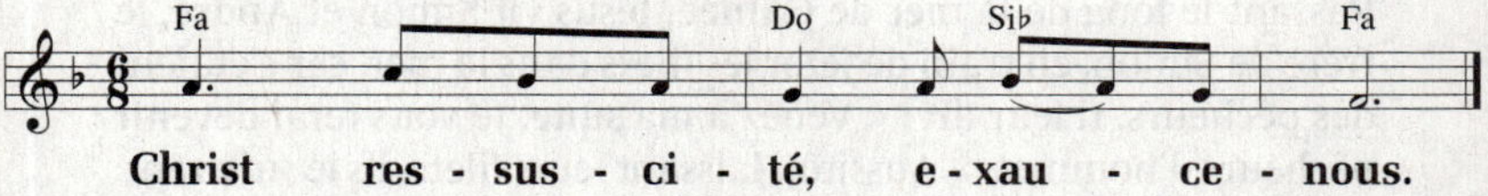

Bayard Liturgie; M. : M. Wackenheim.

Le diacre ou un lecteur :

Merci, Jésus, pour les chrétiens qui font preuve de créativité pour porter l'Évangile dans le monde entier. En ce dimanche de la Parole, nous te prions pour que cet élan d'annonce de la Bonne Nouvelle ne cesse de grandir et de porter du fruit. Seigneur, écoute-nous. ℟

Merci, Jésus, pour les chrétiens qui portent la Parole dans les hôpitaux, dans les maisons de retraite, dans les prisons. En ce dimanche de la Parole, nous te demandons pour eux le courage, la force, la fidélité dans leur mission d'espérance. Seigneur, écoute-nous. ℟

Merci, Jésus, pour les paroissiens qui animent des groupes

d'écoute et de partage de la Parole. En ce dimanche de la Parole, nous te demandons pour notre communauté rassemblée, une grande joie, une grande espérance à l'écoute de la Bonne Nouvelle. Seigneur, écoute-nous. ℟

Merci, Jésus, pour les chrétiens de diverses confessions chrétiennes qui apprennent à se parler et à s'estimer. En cette Semaine de prière pour l'unité des chrétiens, nous te prions pour que la communion ne cesse de grandir entre les chrétiens. Seigneur, écoute-nous. ℟

(Ces intentions seront adaptées ou modifiées selon les circonstances.)

Le prêtre :

Seigneur Jésus, toi la Parole devenue chair en notre monde, daigne écouter et exaucer toutes nos prières, toi qui vis et règnes pour les siècles des siècles. ***— Amen.***

LITURGIE EUCHARISTIQUE

Prière sur les offrandes

Accueille avec bienveillance nos présents, nous t'en prions, Seigneur : qu'ils soient sanctifiés et servent ainsi à notre salut. Par le Christ, notre Seigneur. ***— Amen.***

Prière eucharistique *(Préface des dimanches, p. 237)*

Chant de communion *(Suggestions p. 259)*
(Suggestions p. 259)

OU

Antienne de la communion

Approchez du Seigneur :
resplendissez de sa lumière,
sans ombre ni trouble au visage.
(cf. Ps 33, 6)

OU

Je suis la lumière du monde, dit le Seigneur.
Celui qui me suit ne marchera pas dans les ténèbres :
il aura la lumière de la vie.
(Jn 8, 12)

Prière après la communion

Nous t'en prions, Dieu tout-puissant ; nous recevons de toi la grâce qui fait vivre : fais que nous trouvions toujours notre gloire dans ce que tu nous donnes. Par le Christ, notre Seigneur. **— *Amen.***

RITE DE CONCLUSION

Bénédiction

Envoi

COMMENTAIRE DU DIMANCHE

Karem Bustica, rédactrice en chef de *Prions en Église*

D'un pays inattendu

Jésus part en Galilée proclamer l'Évangile et cette contrée devient le cadre privilégié de tout son ministère. L'appel des disciples, les noces de Cana, la multiplication des pains et des poissons, la rencontre avec la Samaritaine, le discours des Béatitudes figurent parmi tant de gestes et faits accomplis par Jésus dans cette région frontalière. Mais, « que peut-il sortir de bon de Galilée » ? C'est l'interrogation de Nathanaël, lorsque Philippe l'invite à venir voir le Messie (cf. Jn 1, 46). De même, les grands prêtres et les pharisiens opposent le vieil adage à l'adresse de Nicodème : « Jamais aucun prophète ne surgit de Galilée ! » (Jn 7, 52). Cette région, dont l'activité commerciale est intense, favorise l'afflux et le mélange des populations. Déjà le prophète Isaïe la décrit comme un carrefour des nations (cf. Is 8, 23). •••

••• À l'époque de Jésus tout le monde en est convaincu : le Messie ne peut pas venir de Galilée.
Mais le règne de Dieu vient de là où plus personne ne l'attend. Voici un appel à chercher, dans la foi, ce que notre raison ne nous permet pas de voir de la présence de Dieu. D'où l'importance de lire l'Écriture, avec notre intelligence et avec notre foi. La lire à plusieurs, la méditer dans la prière, la prier dans nos célébrations. La Parole accompagne notre conversion, elle nourrit notre foi et renouvelle notre attente. La Parole affine notre regard et nous permet de voir le règne de Dieu, qui est tout proche de nous.

~

Qu'est-ce qui me touche plus particulièrement
dans les lectures de ce jour ?
Comment puis-je approfondir la lecture de la Bible ? ■

PrionsenEglise junior

LIRE L'ÉVANGILE AVEC LES ENFANTS

CE QUE JE DÉCOUVRE

André, Simon, Jacques et Jean :
voilà les premiers amis de Jésus.
Pour accomplir sa mission, Jésus ne peut pas être seul. Il appelle des disciples pour l'aider.
Quand Jésus appelle,
on ne peut pas refuser. André, Simon,
Jacques et Jean arrêtent tout pour le suivre.
Le règne de Dieu est proche.
Il faut se convertir, changer de vie,
devenir meilleur... et suivre Jésus !

CE QUE JE VIS

Connais-tu quelqu'un qui a tout quitté
pour suivre Jésus ?
Crois-tu que c'est dur de suivre Jésus ?
Avec confiance, tourne-toi vers Jésus.
Dis-lui que tu es prêt à l'aider dans sa mission.

Texte : Benoît Gschwind. Illustrations : Marcelino Truong

MÉDITATION BIBLIQUE

3E DIMANCHE DU TEMPS ORDINAIRE

Évangile selon saint Marc 1, 14-20

Sous le signe de la suivance

Marc nous livre deux récits d'appel, un genre littéraire bien connu de l'Ancien Testament. L'appelé est rejoint dans son quotidien et cette irruption de Dieu va marquer un avant et un après, sachant que l'appel a non seulement une dimension personnelle mais aussi communautaire.

Le temps de la préparation

« Seigneur, enseigne-moi tes voies. » (Ps 24, 4)

Le temps de l'observation

Il peut être intéressant de mettre en perspective l'appel des quatre premiers disciples. Il se formule ici en termes de suivance : il s'agit alors de marcher à la suite de Jésus. L'expression peut se comprendre ainsi : le suivre en tant que prédicateur itinérant ; s'attacher à lui pour apprendre de lui en vivant avec lui, plutôt qu'en se contentant d'écouter des enseignements ponctuels. Toutes choses qui situent la vie chrétienne du côté de l'expérience et de l'expérimentation et non du côté de la simple adhésion à une doctrine. Plus loin dans l'évangile de Marc – un autre récit d'appel concernant alors les Douze – l'accent est mis sur « l'être-avec » (cf. Mc 3, 14). Puis, au chapitre 8, l'horizon sera de partager le destin de Jésus et donc de consentir au mystère pascal (cf. Mc 8, 34-35). Marc met bien en valeur l'aspect progressif de l'apprentissage et ses ratés, comme en témoignent le sommeil des disciples à Gethsémani et leur fuite lors de l'arrestation de Jésus.

Le temps de la méditation

Somme-nous désireux de connaître les voies de Dieu, désireux de nous attacher au Christ pascal, c'est-à-dire prêts à ne pas nous tenir à ses côtés aux seuls moments de gloire (comme à la Transfiguration ou lors des guérisons qui ont ponctué son ministère) ? Car il nous appelle également à partager son agonie, qui se poursuit aujourd'hui dans les membres souffrants de son corps. Sommes-nous dans cette dynamique de l'être-avec lui qui n'a rien de statique, mais nous attire toujours plus loin dans une expérience de désencombrement, pour vivre de l'heureuse annonce de sa victoire sur les forces du Mal telle qu'elle s'est dite dans son combat au désert et dans sa résurrection ? Car il est bon de nous arrêter pour faire le point. Certes, la mission nous appelle mais celle-ci ne pourra porter un fruit authentique que si elle est enracinée dans ce compagnonnage exigeant avec le Christ, lequel ne peut faire l'économie ni de la lucidité sur nous-mêmes ni de la prière.

Le temps de la prière

« Rappelle-toi, Seigneur,
ta tendresse, ton amour
qui est de toujours. » (Ps 24, 6)

Emmanuelle Billoteau,
ermite

DES IMAGES POUR LA FOI

3E DIMANCHE DU TEMPS ORDINAIRE

Jonas, prophète du Seigneur

Pour la tradition chrétienne, l'histoire de Jonas préfigure la mort et la résurrection du Christ et, par extension, la vie baptismale.

En quatre vignettes réparties dans un paysage maritime, l'artiste résume la vie de Jonas : après avoir été jeté à la mer, le prophète échappe au Léviathan ; il reçoit ensuite l'Esprit (donné par la main de Dieu) avant que sa prédication ne suscite la conversion des habitants de Ninive. L'image n'est pas une simple illustration du texte biblique, elle traduit la façon dont la tradition chrétienne l'a compris : Jonas préfigure le Christ. Aussi, sur cette miniature, le prophète n'est pas jeté à la mer, mais il plonge de lui-même dans la gueule du monstre, évoquant ainsi Jésus allant volontairement au-devant de sa Passion et de la mort. Souvent représentée dans l'Antiquité chrétienne, l'histoire de Jonas permet aussi de souligner le parallèle entre la Pâque du Christ et le baptême chrétien. Jonas émergeant de la gueule du monstre figure autant le Christ sortant du tombeau que le baptisé remontant du baptistère. On comprend que tout baptisé, qui reçoit lui aussi l'onction de l'Esprit, est envoyé et qu'il devient, comme Jonas, un prophète du Seigneur. ■

Dominique Pierre,
journaliste

Miniature du Psautier de Paris (milieu du Xe siècle) Paris.

Puissions-nous ne jamais nous détourner de ceux qui sont dans le besoin

Il vit l'homme et passa à bonne distance. (Lc 10, 31)

Propositions de lectures

Isaïe 58, 6-9
Psaume 34, 15-22

Prière

Seigneur Jésus Christ,
alors que nous cheminons avec toi vers l'unité,
fais que nos yeux ne se détournent pas,
mais qu'ils soient grands ouverts sur le monde.
Alors que nous parcourons le chemin de la vie, fais que nous nous arrêtions pour soigner ceux qui sont blessés, et que, ce faisant, nous expérimentions en eux ta présence,
toi qui vis et règnes pour les siècles des siècles. Amen.

Retrouvez les réflexions bibliques sur le site : www.unitedeschretiens.fr

LUNDI 22 JANVIER 2024

3E SEMAINE DU TEMPS ORDINAIRE COULEUR LITURGIQUE : VERT

Temps ordinaire, *suggestion d'oraisons et d'antiennes n° 11*
ou **saint Vincent**

Antienne d'ouverture

Écoute, Seigneur, ma voix qui t'appelle !
Sois mon secours, ne m'abandonne pas,
ne me délaisse pas, Dieu, mon salut ! (cf. Ps 26, 7.9)

Prière

Seigneur Dieu, force de ceux qui espèrent en toi, sois favorable à nos appels : puisque, mortels et fragiles, nous ne pouvons rien sans toi, donne-nous toujours le secours de ta grâce ; ainsi pourrons-nous, en observant tes commandements, vouloir et agir de manière à te plaire. Par Jésus… **— *Amen.***

Lecture

du deuxième livre de Samuel (5, 1-7.10)

« Tu seras le berger d'Israël mon peuple »

En ces jours-là, toutes les tribus d'Israël* vinrent trouver David à Hébron et lui dirent : « Vois ! Nous sommes de tes os et de ta chair. Dans le passé déjà, quand Saül était notre roi, c'est toi qui menais Israël en campagne et le ramenais, et le Seigneur t'a dit : "Tu seras le berger d'Israël mon peuple, tu seras le chef d'Israël." » Ainsi, tous les anciens d'Israël vinrent trouver le roi à Hébron. Le roi David fit alliance avec

eux, à Hébron, devant le Seigneur. Ils donnèrent l'onction à David pour le faire roi sur Israël. Il avait trente ans quand il devint roi, et il régna quarante ans : à Hébron il régna sur Juda pendant sept ans et demi ; et à Jérusalem il régna trente-trois ans, à la fois sur Israël et sur Juda.
Le roi avec ses hommes marcha sur Jérusalem contre les habitants de la région, les Jébuséens. On lui dit : « Tu n'entreras pas ici : des aveugles et des boiteux suffiraient à te repousser. » Autrement dit : David n'entrera pas ici. Mais David s'empara de la forteresse de Sion – c'est la Cité de David.
David devint de plus en plus puissant. Le Seigneur, Dieu des armées, était avec lui. – Parole du Seigneur.

Psaume 88 (89)

℟ ***Ton amour et ta fidélité sont avec lui, Seigneur.***

Autrefois, tu as parlé à tes amis,
dans une vision tu leur as dit :
« J'ai donné mon appui à un homme d'élite,
j'ai choisi dans ce peuple un jeune homme. ℟

« J'ai trouvé David, mon serviteur,
je l'ai sacré avec mon huile sainte ;
et ma main sera pour toujours avec lui,
mon bras fortifiera son courage. ℟

« Mon amour et ma fidélité sont avec lui,
mon nom accroît sa vigueur ;
j'étendrai son pouvoir sur la mer
et sa domination jusqu'aux fleuves. » ℟

Acclamation de l'Évangile

Alléluia. Alléluia. Notre Sauveur, le Christ Jésus, a détruit la mort; il a fait resplendir la vie par l'Évangile. ***Alléluia.***

Évangile de Jésus Christ

selon saint Marc (3, 22-30)

« C'en est fini de Satan »

En ce temps-là, les scribes, qui étaient descendus de Jérusalem, disaient : « Ce Jésus est possédé par Béelzéboul ; c'est par le chef des démons qu'il expulse les démons. » Les appelant près de lui, Jésus leur dit en parabole : « Comment Satan peut-il expulser Satan ? Si un royaume est divisé contre lui-même, ce royaume ne peut pas tenir. Si les gens d'une même maison se divisent entre eux, ces gens ne pourront pas tenir. Si Satan s'est dressé contre lui-même, s'il est divisé, il ne peut pas tenir ; c'en est fini de lui. Mais personne ne peut entrer dans la maison d'un homme fort et piller ses biens, s'il ne l'a d'abord ligoté. Alors seulement il pillera sa maison. Amen, je vous le dis : Tout sera pardonné aux enfants des hommes : leurs péchés et les blasphèmes qu'ils auront proférés. Mais si quelqu'un blasphème contre l'Esprit Saint, il n'aura jamais de pardon. Il est coupable d'un péché pour toujours. » Jésus parla ainsi parce qu'ils avaient dit : « Il est possédé par un esprit impur. »

Prière sur les offrandes

Seigneur Dieu, tu donnes à notre humanité la nourriture qui fortifie, et le sacrement qui renouvelle ; nous t'en prions : fais que ton secours ne manque jamais à nos corps et à nos esprits. Par le Christ, notre Seigneur. **— *Amen.***

Antienne de la communion

J'ai demandé une chose au Seigneur,
la seule que je cherche :
habiter la maison du Seigneur
tous les jours de ma vie.
(Ps 26, 4)

OU

Père saint, garde mes disciples
unis dans ton nom, le nom
que tu m'as donné, pour qu'ils soient
un, comme nous-mêmes,
dit le Seigneur.
(Jn 17, 11)

Prière après la communion

Cette communion à tes mystères, Seigneur, préfigure l'union des fidèles en toi ; fais qu'elle produise un fruit d'unité dans ton Église. Par le Christ, notre Seigneur. **— *Amen.***

INVITATION

Je peux reprendre la prière emblématique des orthodoxes, celle du cœur :
« Seigneur Jésus Christ, Fils de Dieu, aie pitié de moi, pécheur. »

COMMENTAIRE

Pardon intégral

Marc 3, 22-30

Le blasphème contre l'Esprit Saint ne sera pas pardonné : cette parole de l'Écriture demeure bien obscure. Et pourtant, nous dit aussi l'évangile, « tout sera pardonné aux enfants des hommes ». Pardonné, pas effacé par un coup d'éponge. Les actes que nous avons commis, comme ceux que nous avons subis, peuvent laisser des traces durables dans notre vie. Mais Dieu nous pardonne, réellement, entièrement. Et il pardonne même ce que nous n'arrivons pas à nous pardonner ! ■

Bertrand Lesoing, *prêtre de la communauté Saint-Martin*

❊ CLÉ DE LECTURE

« Israël »

2 Samuel 5, 2 *(p. 161)*

À l'inverse de Saül, David est issu des tribus du Sud, Benjamin et Juda, qui l'ont déjà oint comme roi (cf. 2 S 2, 4). Mais il doit encore recevoir la reconnaissance de celles du Nord, dites tribus d'Israël. Il parvient ainsi à unir sous son règne les tribus de Juda et celles d'Israël, union fragile, qui se disloquera aussitôt après le règne de son fils Salomon. Mais le nom qui est donné à l'ensemble est bien celui d'Israël, de telle sorte qu'Israël restera ambigu, désignant tantôt le royaume du Nord (disparu dès 731 av. J. C.), tantôt l'ensemble du royaume de David. L'unité vite brisée restera une utopie, mais Jérusalem, la capitale de David, à la frontière des deux groupes, sera pour toujours dans l'histoire la ville où Dieu veut rassembler les siens. ■

Roselyne Dupont-Roc, *bibliste*

Seigneur, aide-nous à voir les blessures et à trouver l'espérance

Il s'approcha, banda ses plaies en y versant de l'huile et du vin.
(Lc 10, 34)

Propositions de lectures

Joël 2, 23-27 ; Psaume 104, 14-15, 27-30

Prière

Dieu de grâce,
toi qui es la source de tout amour et de toute bonté, donne-nous de voir les besoins de notre prochain. Montre-nous ce que nous pouvons faire pour apporter la guérison. Transforme-nous, afin que nous puissions aimer tous nos frères et sœurs. Aide-nous à surmonter les obstacles de la séparation pour que nous puissions bâtir un monde de paix pour le bien de tous. Nous te rendons grâce parce que tu renouvelles ta Création et tu nous conduis à un avenir plein d'espérance, toi qui règnes sur tous hier, aujourd'hui et à jamais. Amen.

Retrouvez les réflexions bibliques sur le site : www.unitedeschretiens.fr

*

MARDI 23 JANVIER 2024

3E SEMAINE DU TEMPS ORDINAIRE COULEUR LITURGIQUE : VERT

Temps ordinaire, *suggestion d'oraisons et d'antiennes n° 12*

Antienne d'ouverture

Le Seigneur est la force de son peuple,
le refuge et le salut de son messie.
Sauve ton peuple, Seigneur,
bénis ton héritage, et conduis-le à jamais.
(cf. Ps 27, 8-9)

Prière

Fais-nous vivre à tout moment, Seigneur, dans l'amour et le respect de ton saint nom, toi qui ne cesses jamais de guider ceux que tu enracines solidement dans ta charité. Par Jésus… ***— Amen.***

21 - 27

Lecture

du deuxième livre de Samuel (6, 12b-15.17-19)

« David et tout le peuple d'Israël firent monter l'arche du Seigneur parmi les ovations »

En ces jours-là, David fit monter l'arche de Dieu de la maison d'Obed-Édom jusqu'à la Cité de David, au milieu des cris de joie. Quand les porteurs de l'Arche eurent avancé de six pas, il offrit en sacrifice un taureau et un veau gras. David, vêtu d'un pagne de lin, dansait devant le

Seigneur, en tournoyant de toutes ses forces. David et tout le peuple d'Israël firent monter l'arche du Seigneur parmi les ovations, au son du cor. Ils amenèrent donc l'arche du Seigneur et l'installèrent à sa place, au milieu de la tente que David avait dressée pour elle. Puis il offrit devant le Seigneur des holocaustes et des sacrifices de paix. Quand David eut achevé d'offrir les holocaustes et les sacrifices de paix, il bénit le peuple au nom du Seigneur des armées. Il fit une distribution à tout le peuple, à la foule entière des Israélites, hommes et femmes : pour chacun une galette de pain, un morceau de rôti et un gâteau de raisins. Ensuite tout le monde s'en retourna chacun chez soi.
– Parole du Seigneur.

Psaume 23 (24)

℟ ***Qui est ce roi de gloire ? C'est le Seigneur.***

Portes, lev**e**z vos frontons,
élevez-vous, p**o**rtes éternelles :
qu'il entre, le r**o**i de gloire ! ℟

Qui est ce r**o**i de gloire ?
C'est le Seigneur, le f**o**rt, le vaillant,
le Seigneur, le vaill**a**nt des combats. ℟

Portes, lev**e**z vos frontons,
levez-les, p**o**rtes éternelles :
qu'il entre, le r**o**i de gloire ! ℟

Qui donc est ce r**o**i de gloire ?
C'est le Seigneur, Dieu**u** de l'univers ;
c'est lui, le r**o**i de gloire. ℟

Acclamation de l'Évangile

Alléluia. Alléluia. Tu es béni, Père, Seigneur du ciel et de la terre, tu as révélé aux tout-petits les mystères du Royaume ! ***Alléluia.***

Évangile de Jésus Christ

selon saint Marc (3, 31-35)

« Celui qui fait la volonté de Dieu, celui-là est pour moi un frère, une sœur, une mère »

En ce temps-là, comme Jésus était dans une maison, arrivent sa mère et ses frères. Restant au-dehors, ils le font appeler. Une foule était assise autour de lui ; et on lui dit : « Voici que ta mère et tes frères sont là dehors : ils te cherchent. » Mais il leur répond : « Qui est ma mère ? qui sont mes frères ? » Et parcourant du regard ceux qui étaient assis en cercle autour de lui, il dit : « Voici ma mère et mes frères. Celui qui fait la volonté de Dieu, celui-là est pour moi un frère, une sœur, une mère. »

Prière sur les offrandes

Accueille, Seigneur, le sacrifice de louange et de paix ; accorde-nous d'être purifiés par son action et de t'offrir un cœur qui te plaise. Par le Christ, notre Seigneur. ***– Amen.***

Antienne de la communion

Les yeux sur toi, tous, ils espèrent,
Seigneur : tu leur donnes la nourriture
au temps voulu. (Ps 144, 15)

OU

Je suis le bon pasteur,
et je donne ma vie pour mes brebis,
dit le Seigneur. (Jn 10, 11.15)

Prière après la communion

Nourris et renouvelés par le corps sacré et le sang précieux de ton Fils, nous implorons ta bonté, Seigneur : fais que, sûrs de la rédemption, nous possédions ce que nous aimons célébrer avec ferveur. Par le Christ, notre Seigneur. — ***Amen.***

INVITATION

En ce sixième jour de prière pour l'unité des chrétiens, je passe à l'action. Comment, concrètement, puis-je manifester mon désir d'unité ?

COMMENTAIRE

Parenté spirituelle Marc 3, 31-35

« Voici que ta mère et tes frères sont là dehors : ils te cherchent. » Ceux qui préviennent Jésus pensent certainement que ses proches – famille, disciples, amis – ont droit à une attention particulière, mais il n'en est rien. Jésus ne ferait-il donc d'exception pour personne ? Tout au contraire ! Dans la relation avec le Christ, il n'y a pas de titre ou de privilège à faire valoir, mais une fraternité universelle à accueillir : « Celui qui fait la volonté de Dieu, celui-là est pour moi un frère, une sœur, une mère. » ■

Bertrand Lesoing, *prêtre de la communauté Saint-Martin*

Seigneur, fais de nos Églises des « auberges » où ceux qui sont dans le besoin sont accueillis

Il le chargea sur sa propre monture,
le conduisit à une auberge et prit soin de lui. (Lc 10,34)

Propositions de lectures

Genèse 18, 4-5 ; Psaume 5, 11-12

Prière

Père très aimant,
en Jésus, tu nous as montré ce que signifie vraiment l'hospitalité,
en prenant soin de notre humanité fragile. Aide-nous à devenir
une communauté qui accueille ceux qui se sentent abandonnés
et perdus, en bâtissant une maison où tous sont les bienvenus.
Fais que nous devenions plus proches les uns des autres
alors que nous offrons au monde ton amour inconditionnel.
Nous t'en prions dans l'unité du Saint-Esprit. Amen.

Retrouvez les réflexions bibliques sur le site : www.unitedeschretiens.fr

MERCREDI 24 JANVIER 2024

3E SEMAINE DU TEMPS ORDINAIRE COULEUR LITURGIQUE : BLANC

Saint François de Sales

1567-1622. L'un des grands esprits de son temps : évêque de Genève-Annecy, prédicateur, écrivain, cofondateur de l'ordre de la Visitation. Docteur de l'Église depuis 1877.

Antienne d'ouverture

Voici l'intendant fidèle et avisé que le maître a établi sur sa maison, pour donner à chacun, en temps voulu, sa part de blé. (cf. Lc 12, 42)

OU

Je m'occuperai de mes brebis, je veillerai sur elles,
dit le Seigneur, je susciterai à leur tête un seul berger.
Moi, le Seigneur, je serai leur Dieu. (cf. Ez 34, 11. 23-24)

Prière

Seigneur Dieu, pour le salut des âmes, tu as voulu que l'évêque saint François de Sales devienne le serviteur de tous en toutes choses ; dans ta bonté, accorde-nous, à son exemple, de manifester toujours ta douce charité dans le service fraternel. Par Jésus… ***— Amen.***

Lecture

du deuxième livre de Samuel (7, 4-17)

« Je te susciterai dans ta descendance un successeur, et je rendrai stable sa royauté »

Cette nuit-là, la parole du Seigneur fut adressée à Nathan : « Va dire à mon serviteur David : Ainsi parle le Seigneur : Est-ce toi qui me bâtiras une maison pour que j'y habite ? Depuis le jour où j'ai fait monter d'Égypte les fils d'Israël et jusqu'à ce jour, je n'ai jamais habité dans une maison ; j'ai été comme un voyageur, sous la tente qui était ma demeure. Pendant tout le temps où j'étais comme un voyageur parmi tous les fils d'Israël, ai-je demandé à un seul des juges que j'avais institués pasteurs de mon peuple Israël : "Pourquoi ne m'avez-vous pas bâti une maison de cèdre ?"

« Tu diras donc à mon serviteur David : Ainsi parle le Seigneur de l'univers : C'est moi qui t'ai pris au pâturage, derrière le troupeau, pour que tu sois le chef de mon peuple Israël. J'ai été avec toi partout où tu es allé, j'ai abattu devant toi tous tes ennemis. Je t'ai fait un nom aussi grand que celui des plus grands de la terre. Je fixerai en ce lieu mon peuple Israël, je l'y planterai, il s'y établira et ne tremblera plus, et les méchants ne viendront plus l'humilier, comme ils l'ont fait autrefois, depuis le jour où j'ai institué des juges pour conduire mon peuple Israël. Oui, je t'ai accordé la tranquillité en te délivrant de tous tes ennemis.

« Le Seigneur t'annonce qu'il te fera lui-même une maison. Quand tes jours seront accomplis et que tu reposeras auprès de tes pères, je te susciterai dans ta descendance un successeur, qui naîtra de toi, et je rendrai stable sa royauté. C'est lui qui bâtira une maison pour mon nom, et je rendrai stable pour toujours son trône royal. Moi, je serai pour lui un père ; et lui sera pour moi un fils. S'il fait le mal, je le corrigerai avec le bâton, à la manière humaine, je le frapperai comme font les hommes. Mais ma fidélité ne lui sera pas retirée, comme je l'ai retirée à Saül que j'ai écarté de devant toi. Ta maison et ta royauté subsisteront toujours devant moi, ton trône sera

stable pour toujours. » Toutes ces paroles, toute cette vision, Nathan les rapporta fidèlement à David.
– Parole du Seigneur.

Psaume 88 (89)

℟ ***Sans fin je lui garderai mon amour.***

« Avec mon élu, j'ai fait une alliance,
j'ai juré à David, mon serviteur :
j'établirai ta dynastie pour toujours,
je te bâtis un trône pour la suite des âges. ℟

« Il me dira : "Tu es mon Père,
mon Dieu, mon roc et mon salut !"
Et moi, j'en ferai mon fils aîné,
le plus grand des rois de la terre ! ℟

« Sans fin je lui garderai mon amour,
mon alliance avec lui sera fidèle ;
je fonderai sa dynastie pour toujours,
son trône aussi durable que les cieux. » ℟

Acclamation de l'Évangile

Alléluia. Alléluia. La semence est la parole de Dieu ; le semeur est le Christ, celui qui le trouve demeure pour toujours. ***Alléluia.***

Évangile de Jésus Christ

selon saint Marc (4, 1-20)

« Voici que le semeur sortit pour semer »

En ce temps-là, Jésus se mit de nouveau à enseigner au bord de la mer de Galilée. Une foule très nombreuse se rassembla auprès de lui, si bien qu'il monta dans une barque où il s'assit. Il était sur la mer, et toute la foule était près de la mer, sur le rivage. Il leur enseignait beaucoup de choses en paraboles, et dans son enseignement il leur disait : « Écoutez ! Voici que le semeur sortit pour semer. Comme il semait, du grain est tombé au bord du chemin ; les oiseaux sont venus et ils ont tout mangé. Du grain est tombé aussi sur du sol pierreux, où il n'avait pas beaucoup de terre ; il a levé aussitôt, parce que la terre était peu profonde ; et lorsque le soleil s'est levé, ce grain a brûlé et, faute de racines, il a séché. Du grain est tombé aussi dans les ronces, les ronces ont poussé, l'ont étouffé, et il n'a pas donné de fruit. Mais d'autres grains sont tombés dans la bonne terre ; ils ont donné du fruit en poussant et en se développant, et ils ont produit trente, soixante, cent, pour un. » Et Jésus disait : « Celui qui a des oreilles pour entendre, qu'il entende ! »

Quand il resta seul, ceux qui étaient autour de lui avec les Douze l'interrogeaient sur les paraboles. Il leur disait : « C'est à vous qu'est donné le mystère du royaume de Dieu ; mais à ceux qui sont dehors, tout se présente sous forme de paraboles. Et ainsi, comme dit le prophète : *Ils auront beau regarder de tous leurs yeux, ils ne verront pas ; ils auront beau écouter de toutes leurs oreilles, ils ne comprendront pas ; sinon ils se convertiraient et recevraient le pardon.* »

Il leur dit encore : « Vous ne saisissez pas cette parabole ? Alors, comment comprendrez-vous toutes les paraboles ? Le semeur sème la Parole. Il y a ceux qui sont au bord du chemin où la Parole est semée : quand ils l'entendent, Satan vient aussitôt et enlève la Parole semée en eux. Et de même, il y a ceux qui ont reçu la semence dans les endroits pierreux : ceux-là, quand ils entendent la Parole, ils la reçoivent aussitôt avec joie ; mais ils n'ont pas en eux de racine, ce sont les gens d'un moment ; que vienne la détresse ou la persécution à cause de la Parole, ils trébuchent aussitôt. Et il y en a d'autres qui ont reçu la semence dans les ronces : ceux-ci entendent la Parole, mais les soucis du monde, la séduction de la richesse et toutes les autres convoitises les envahissent et étouffent la Parole, qui ne donne pas de fruit. Et il y a ceux qui ont reçu la semence dans la bonne terre : ceux-là entendent la Parole, ils l'accueillent, et ils portent du fruit : trente, soixante, cent, pour un. »

Prière sur les offrandes

Nous t'offrons, Seigneur, le sacrifice qui nous sauve : par lui, embrase-nous du feu de l'Esprit Saint qui brûlait admirablement le cœur très doux de saint François. Par le Christ, notre Seigneur. — ***Amen.***

Antienne de la communion

Ce n'est pas vous qui m'avez choisi,
dit le Seigneur, c'est moi
qui vous ai choisis et établis,
afin que vous alliez,
que vous portiez du fruit,
et que votre fruit demeure.
(cf. Jn 15, 16)

OU

Heureux ce serviteur
que le maître,
quand il arrivera
et frappera à la porte,
trouvera en train de veiller.
(cf. Lc 12, 36-37)

Prière après la communion

Par le sacrement que nous avons reçu, accorde-nous, Dieu tout-puissant, d'imiter sur la terre la douceur et la charité de saint François, pour obtenir avec lui la gloire du ciel. Par le Christ, notre Seigneur. — ***Amen.***

INVITATION

Je peux prier pour la congrégation des Sœurs du Bon Secours, qui fête son bicentenaire aujourd'hui.

COMMENTAIRE

Geste auguste

Marc 4, 1-20

Le semeur est sorti pour semer et la terre de notre vie a été ensemencée. Des fruits ont poussé, au moins sur la bonne terre, et nous peinons parfois à les distinguer. Pourquoi ? Parce que trop souvent, nous attendons un nouveau geste du semeur, une intervention directe de sa part. Et si, au lieu d'attendre un nouveau passage de Dieu, nous ouvrions les yeux sur tous les fruits de paix, de réconciliation, de joie qui marquent chacune de nos vies ? ■

Bertrand Lesoing*, prêtre de la communauté Saint-Martin*

Seigneur, montre-nous comment répondre à notre prochain

Jésus dit : « Lequel des trois, à ton avis, s'est montré le prochain de l'homme ? » (Lc 10, 36)

Propositions de lectures

Philippiens 2, 1-5
Psaume 10, 17-18

Prière

Dieu Très-Saint,
ton Fils Jésus Christ est venu parmi nous
pour nous montrer le chemin de la compassion.
Aide-nous, par ton Esprit, à suivre son exemple, en veillant
aux besoins de tous tes enfants et en rendant ainsi dans l'unité
un témoignage chrétien de ton amour et de ta miséricorde.
Nous t'en prions au nom de Jésus. Amen.

Retrouvez les réflexions bibliques sur le site : www.unitedeschretiens.fr

*

JEUDI 25 JANVIER 2024

COULEUR LITURGIQUE : BLANC

La conversion de saint Paul

Sur la route de Damas, le Christ ressuscité se révèle à Saul, intransigeant défenseur de la tradition hébraïque, et le change en l'apôtre Paul, qui portera le message chrétien hors des milieux juifs.

Antienne d'ouverture

Je sais en qui j'ai cru ; et j'ai la conviction qu'il est assez puissant pour sauvegarder, jusqu'au jour de sa venue le dépôt de la foi qu'il m'a confié, lui, le juste juge. (cf. 2 Tm 1, 12 ; 4, 8)

Gloire à Dieu *(p. 231)*

Prière

Seigneur Dieu, tu as instruit le monde entier par la prédication du bienheureux apôtre Paul dont nous célébrons aujourd'hui la conversion ; accorde-nous d'aller vers toi en suivant les exemples qu'il nous donne, et d'être ainsi pour le monde les témoins de ta vérité. Par Jésus… ***— Amen.***

Lectures propres à la fête de la conversion de saint Paul.

Lecture

du livre des Actes des Apôtres (22, 3-16)

« Lève-toi et reçois le baptême, sois lavé de tes péchés en invoquant le nom de Jésus »

En ces jours-là, Paul dit au peuple : « Je suis juif, né à Tarse en Cilicie, mais élevé ici dans cette ville, où, à l'école de Gamaliel, j'ai reçu une éducation strictement conforme à la Loi de nos pères ; j'avais pour Dieu une

21 - 27

ardeur jalouse, comme vous tous aujourd'hui. J'ai persécuté à mort ceux qui suivent le Chemin du Seigneur Jésus; j'arrêtais hommes et femmes, et les jetais en prison; le grand prêtre et tout le collège des anciens peuvent en témoigner. Ces derniers m'avaient donné des lettres pour nos frères de Damas où je me rendais : je devais ramener à Jérusalem, ceux de là-bas, enchaînés, pour qu'ils subissent leur châtiment. Donc, comme j'étais en route et que j'approchais de Damas, soudain vers midi, une grande lumière venant du ciel m'enveloppa de sa clarté. Je tombai sur le sol, et j'entendis une voix me dire : "Saul, Saul, pourquoi me persécuter ?" Et moi je répondis : "Qui es-tu, Seigneur ? – Je suis Jésus le Nazaréen, celui que tu persécutes." Ceux qui étaient avec moi virent la lumière, mais n'entendirent pas la voix de celui qui me parlait. Alors je dis : "Que dois-je faire, Seigneur ?" Le Seigneur me répondit : "Relève-toi, va jusqu'à Damas, et là on te dira tout ce qu'il t'est prescrit de faire." Comme je n'y voyais plus rien, à cause de l'éclat de cette lumière, je me rendis à Damas, conduit par la main de mes compagnons.

« Or, Ananie, un homme religieux selon la Loi, à qui tous les Juifs résidant là rendaient un bon témoignage, vint se placer près de moi et me dit : "Saul, mon frère, retrouve la vue." Et moi, au même instant, je retrouvai la vue, et je le vis. Il me dit encore : "Le Dieu de nos pères t'a destiné à connaître sa volonté, à voir celui qui est le Juste et à entendre la voix qui sort de sa bouche. Car tu seras pour lui, devant tous les hommes, le témoin de ce que tu as vu et entendu. Et maintenant, pourquoi tarder ? Lève-toi et reçois le baptême, sois lavé de tes péchés en invoquant son nom." » – Parole du Seigneur.

On peut aussi lire Actes 9, 1-22.

Psaume 116 (117)

℟ ***Allez dans le monde entier. Proclamez l'Évangile.***

OU

Alléluia.

Louez le Seigneur, tous les peuples ;
fêtez-le, tous les pays ! ℟

Son amour envers nous s'est montré le plus fort ;
éternelle est la fidélité du Seigneur ! ℟

Acclamation de l'Évangile

Alléluia. Alléluia. C'est moi qui vous ai choisis du milieu du monde, afin que vous alliez, que vous portiez du fruit, et que votre fruit demeure, dit le Seigneur. ***Alléluia.***

Évangile de Jésus Christ

selon saint Marc (16, 15-18)

« Allez dans le monde entier, proclamez l'Évangile »

En ce temps-là, Jésus ressuscité se manifesta aux onze Apôtres et leur dit : « Allez dans le monde entier. Proclamez l'Évangile à toute la création. Celui qui croira et sera baptisé sera sauvé ; celui qui refusera de croire sera condamné. Voici les signes qui accompagneront ceux qui deviendront croyants : en mon nom, ils expulseront les démons ; ils parleront en langues nouvelles ; ils prendront des serpents dans leurs mains et, s'ils boivent un poison mortel, il ne leur fera pas de mal ; ils imposeront les mains aux malades, et les malades s'en trouveront bien. »

Prière sur les offrandes

Tandis que nous célébrons tes mystères, Seigneur, que ton Esprit Saint répande sur nous la lumière de la foi, dont il n'a cessé d'éclairer le bienheureux apôtre Paul, pour que rayonne ta gloire. Par le Christ, notre Seigneur. **— *Amen.***

Prière eucharistique

(1re préface des Apôtres)

Vraiment, il est juste et bon, pour ta gloire et notre salut, de t'offrir notre action de grâce, toujours et en tout lieu, Seigneur, Père très saint, Dieu éternel et tout-puissant. Tu n'abandonnes pas ton troupeau, Pasteur éternel, mais tu le gardes par les bienheureux Apôtres sous ta constante protection, pour qu'il soit dirigé par ceux-là mêmes que tu as établis à sa tête comme pasteurs au nom de ton Fils. C'est pourquoi, avec les anges et les archanges, avec les puissances d'en haut et tous les esprits bienheureux, nous chantons l'hymne de ta gloire et sans fin nous proclamons :

Saint ! Saint ! Saint...

Antienne de la communion

Je vis dans la foi au Fils de Dieu
qui m'a aimé
et s'est livré lui-même
pour moi.
(cf. Ga 2, 20)

Prière après la communion

Seigneur notre Dieu, que le sacrement reçu attise en nous le feu de la charité dont l'ardeur enflammait le bienheureux apôtre Paul et lui faisait porter le souci de toutes les Églises. Par le Christ, notre Seigneur. — ***Amen.***

INVITATION

Je prie pour que, comme Jésus l'a demandé à son Père, nous soyons un afin que le monde croie (cf. Jn 17, 21).

COMMENTAIRE

Aide à la conduite

Actes 22, 3-16

Sur le chemin de Damas, Paul fait la rencontre qui bouleverse sa vie – « Je suis Jésus le Nazaréen » – rencontre unique et fulgurante qui imprime à son existence une orientation nouvelle. Cette expérience a beau être personnelle, elle concerne toute la communauté : Paul est conduit par la main de ses compagnons à Damas, il y rencontre Ananie grâce auquel il recouvre la vue. Pour Paul, comme pour chacun d'entre nous, découvrir le Christ, c'est aussi découvrir un nouveau lien de fraternité avec tous les enfants de Dieu. ■

Bertrand Lesoing, *prêtre de la communauté Saint-Martin*

Seigneur, fais que notre fraternité soit le signe de ton Royaume

Jésus lui dit : « Va et, toi aussi, fais de même. » (Lc 10, 37)

Propositions de lectures

Romains 12, 9-13
Psaume 41, 1-2

Prière

Père du ciel,
nous te remercions pour le don de l'Esprit Saint qui donne la vie,
nous ouvre les uns aux autres, résout les conflits et fortifie
nos liens de communion. Fais que nous grandissions dans l'amour
réciproque et dans le désir d'annoncer le message de l'Évangile
plus fidèlement, afin que le monde puisse se rassembler
dans l'unité, et accueillir le Prince-de-la-paix.
Par le Christ, notre Seigneur. Amen.

Retrouvez les réflexions bibliques sur le site : www.unitedeschretiens.fr

PRIONS EN ÉGLISE 184

VENDREDI 26 JANVIER 2024

COULEUR LITURGIQUE : BLANC

Saint Timothée et saint Tite

Ier siècle. Deux des plus fidèles disciples de saint Paul qui leur adressa des épîtres pastorales figurant dans le Nouveau Testament.

Antienne d'ouverture

Annoncez parmi les nations la gloire du Seigneur,
chez tous les peuples ses merveilles, car il est grand,
le Seigneur, hautement loué ! (Ps 95, 3-4)

Prière

Seigneur Dieu, dans les bienheureux Timothée et Tite, tu as fait rayonner les vertus des Apôtres ; accorde-nous, par leur intercession, de vivre dans ce monde avec justice et piété pour que nous méritions de parvenir au ciel, notre patrie. Par Jésus… — ***Amen.***

Lectures propres à la mémoire de saint Timothée et saint Tite.

21 - 27

Lecture

de la deuxième lettre de saint Paul apôtre à Timothée (1, 1-8)

« J'ai souvenir de la foi sincère qui est en toi »

Paul, apôtre du Christ Jésus par la volonté de Dieu, selon la promesse de la vie que nous avons dans le Christ Jésus, à Timothée, mon enfant bien-aimé. À toi, la grâce, la miséricorde et la paix de la part de Dieu le Père et du Christ Jésus notre Seigneur. Je suis plein de gratitude envers Dieu, à qui je rends un culte avec une conscience pure, à la suite

de mes ancêtres, je lui rends grâce en me souvenant continuellement de toi dans mes prières, nuit et jour. Me rappelant tes larmes, j'ai un très vif désir de te revoir pour être rempli de joie. J'ai souvenir de la foi sincère qui est en toi : c'était celle qui habitait d'abord Loïs, ta grand-mère, et celle d'Eunice, ta mère, et j'ai la conviction que c'est aussi la tienne. Voilà pourquoi, je te le rappelle, ravive* le don gratuit de Dieu, ce don qui est en toi depuis que je t'ai imposé les mains. Car ce n'est pas un esprit de peur que Dieu nous a donné, mais un esprit de force, d'amour et de pondération. N'aie donc pas honte de rendre témoignage à notre Seigneur, et n'aie pas honte de moi, qui suis son prisonnier ; mais, avec la force de Dieu, prends ta part des souffrances liées à l'annonce de l'Évangile. – Parole du Seigneur.

On peut aussi lire la lettre de saint Paul à Tite 1, 1-5.

Psaume 95 (96)

℟ ***Racontez à tous les peuples les merveilles du Seigneur !***

Chantez au Seigne<u>u</u>r un chant nouveau,
chantez au Seigne<u>u</u>r, terre entière,
chantez au Seigneur
et bénisse<u>e</u>z son nom ! ℟

De jour en jour, proclam<u>e</u>z son salut,
racontez à tous les pe<u>u</u>ples sa gloire,
à toutes les nati<u>o</u>ns ses merveilles ! ℟

Rendez au Seigneur, fam<u>i</u>lles des peuples,
rendez au Seigneur la gl<u>o</u>ire et la puissance,
rendez au Seigneur la gl<u>o</u>ire de son nom. ℟

Adorez le Seigneur, éblouiss<u>a</u>nt de sainteté :
tremblez devant lu<u>i</u>, terre entière.
Allez dire aux nations :
« Le Seigne<u>u</u>r est roi ! » ℟

Acclamation de l'Évangile

Alléluia. Alléluia. Le Seigneur m'a envoyé porter la Bonne Nouvelle aux pauvres, annoncer aux captifs leur libération. ***Alléluia.***

Évangile de Jésus Christ

selon saint Luc (10, 1-9)

« La moisson est abondante, mais les ouvriers sont peu nombreux »

En ce temps-là, parmi les disciples, le Seigneur en désigna encore 72, et il les envoya deux par deux, en avant de lui, en toute ville et localité où lui-même allait se rendre. Il leur dit : « La moisson est abondante, mais les ouvriers sont peu nombreux. Priez donc le maître de la moisson d'envoyer des ouvriers pour sa moisson. Allez ! Voici que je vous envoie comme des agneaux au milieu des loups. Ne portez ni bourse, ni sac, ni sandales, et ne saluez personne en chemin. Mais dans toute maison où vous entrerez, dites d'abord : "Paix à cette maison." S'il y a là un ami de la paix, votre paix ira reposer sur lui ; sinon, elle reviendra sur vous. Restez dans cette maison, mangeant et buvant ce que l'on vous sert ; car l'ouvrier mérite son salaire. Ne passez pas de maison en maison. Dans toute ville où vous entrerez et où vous serez accueillis, mangez ce qui vous est présenté. Guérissez les malades qui s'y trouvent et dites-leur : "Le règne de Dieu s'est approché de vous." »

Prière sur les offrandes
Nous t'en prions, Seigneur, accueille les offrandes que ton peuple te présente en la fête des bienheureux Timothée et Tite ; et, dans ta bonté, donne-nous un cœur pur qui te soit agréable. Par le Christ, notre Seigneur. **— *Amen.***

Antienne de la communion
Allez dans le monde entier,
proclamez l'Évangile :
moi, je suis avec vous tous les jours,
dit le Seigneur.
(Mc 16, 15 ; Mt 28, 20)

Prière après la communion
Seigneur notre Dieu, que le sacrement reçu nourrisse en nous la foi enseignée par la prédication des Apôtres et gardée avec sollicitude par les bienheureux Timothée et Tite. Par le Christ, notre Seigneur. **— *Amen.***

INVITATION

Et si, pour clôturer cette semaine, j'écrivais mon intention de prière pour l'unité des chrétiens ? Je peux me servir de la page 12.

COMMENTAIRE

Simple comme bonjour

Luc 10, 1-9

Le Seigneur envoie ses disciples en avant de lui. Ils partent « deux par deux » – l'annonce du Royaume n'est pas une action privée – en n'emportant « ni bourse, ni sac, ni sandales ». La mission n'est pas affaire de techniques ou d'équipement mais de rencontres à vivre, de maisons à visiter, d'accueil à recevoir, parfois aussi d'échecs à accepter. À l'heure où nous nous interrogeons beaucoup sur la manière de partager notre foi, retrouvons la saveur et la simplicité de l'Évangile ! ■

***Bertrand Lesoing**, prêtre de la communauté Saint-Martin*

✲ CLÉ DE LECTURE

« Ravive »

2 Timothée 1, 6 *(p. 186)*

Timothée représente les disciples de Paul de la troisième génération, auxquels l'apôtre a transmis ses conseils. Il a connu la foi dans sa famille, auprès de sa mère et de sa grand-mère. Il a reçu aussi une imposition des mains de l'apôtre représenté par le « presbyterion », le groupe des Anciens qui président la communauté ecclésiale (cf. 1 Tm 4, 14). Il est ici invité à raviver le don de Dieu qui est en lui. Le terme grec « charisma » dit la gratuité de l'Esprit de Dieu, qui donne à chacun d'œuvrer à sa façon au bien de tous. Timothée a reçu le don d'annoncer l'Évangile et de porter témoignage devant tous. Mais, comme tout chrétien aussi, il lui faut sans cesse ranimer en lui la flamme, revenir à la source première de son baptême et de sa foi, le Christ. ■

***Roselyne Dupont-Roc**, bibliste*

SAMEDI 27 JANVIER 2024

3ᴱ SEMAINE DU TEMPS ORDINAIRE COULEUR LITURGIQUE : VERT

Temps ordinaire, *suggestion d'oraisons et d'antiennes n° 13*
ou **bienheureuse Vierge Marie,** *voir p. 91*
ou **sainte Angèle Mérici,** *voir p. 195*

Antienne d'ouverture

Tous les peuples, battez des mains,
acclamez Dieu par vos cris de joie !
(Ps 46, 2)

Prière

Tu as voulu, Seigneur Dieu, que par la grâce de l'adoption filiale, nous devenions des enfants de lumière ; ne permets pas que nous soyons enveloppés des ténèbres de l'erreur, mais accorde-nous d'être toujours rayonnants dans la splendeur de ta vérité. Par Jésus… ***— Amen.***

Lecture

du deuxième livre de Samuel (12, 1-7a.10-17)

« J'ai péché contre le Seigneur ! »

En ces jours-là, le Seigneur envoya vers David le prophète Nathan qui alla le trouver et lui dit : « Dans une même ville, il y avait deux hommes ; l'un était riche, l'autre était pauvre. Le riche avait des moutons et des bœufs en très grand nombre. Le pauvre n'avait rien qu'une brebis, une toute petite, qu'il avait achetée. Il la nourrissait, et elle grandissait chez lui au milieu de ses fils ; elle mangeait de son pain, buvait de sa coupe,

elle dormait dans ses bras : elle était comme sa fille. Un voyageur arriva chez l'homme riche. Pour préparer le repas de son hôte, celui-ci épargna ses moutons et ses bœufs. Il alla prendre la brebis du pauvre, et la prépara pour l'homme qui était arrivé chez lui. » Alors, David s'enflamma d'une grande colère contre cet homme, et dit à Nathan : « Par le Seigneur vivant, l'homme qui a fait cela mérite la mort ! Et il remboursera la brebis au quadruple, pour avoir commis une telle action et n'avoir pas épargné le pauvre. » Alors Nathan dit à David : « Cet homme, c'est toi ! Ainsi parle le Seigneur Dieu d'Israël : Désormais, l'épée ne s'écartera plus jamais de ta maison, parce que tu m'as méprisé et que tu as pris la femme d'Ourias le Hittite pour qu'elle devienne ta femme. Ainsi parle le Seigneur : De ta propre maison, je ferai surgir contre toi le malheur. Je t'enlèverai tes femmes sous tes yeux et je les donnerai à l'un de tes proches, qui les prendra sous les yeux du soleil. Toi, tu as agi en cachette, mais moi, j'agirai à la face de tout Israël, et à la face du soleil ! » David dit à Nathan : « J'ai péché contre le Seigneur ! » Nathan lui répondit : « Le Seigneur a passé sur ton péché, tu ne mourras pas. Cependant, parce que tu as bafoué le Seigneur, le fils que tu viens d'avoir mourra*. » Et Nathan retourna chez lui.

Le Seigneur frappa l'enfant que la femme d'Ourias avait donné à David, et il tomba gravement malade. David implora Dieu pour le petit enfant : il jeûna strictement, et, quand il rentrait chez lui, il passait la nuit couché par terre. Les anciens de sa maison insistaient auprès de lui pour qu'il se relève, mais il refusa, et ne prit avec eux aucune nourriture.

– Parole du Seigneur.

Psaume 50 (51)

℟ ***Crée en moi un cœur pur, ô mon Dieu.***

Crée en moi un cœur pur, ô mon Dieu,
renouvelle et raffermis
au fond de moi mon esprit.
Ne me chasse pas loin de ta face,
ne me reprends pas ton esprit saint. ℟

Rends-moi la joie d'être sauvé ;
que l'esprit généreux me soutienne.
Aux pécheurs, j'enseignerai tes chemins ;
vers toi, reviendront les égarés. ℟

Libère-moi du sang versé,
Dieu, mon Dieu sauveur,
et ma langue acclamera ta justice.
Seigneur, ouvre mes lèvres,
et ma bouche annoncera ta louange. ℟

Acclamation de l'Évangile

Alléluia. Alléluia. Dieu a tellement aimé le monde qu'il a donné son Fils unique, afin que ceux qui croient en lui aient la vie éternelle. ***Alléluia.***

Évangile de Jésus Christ

selon saint Marc (4, 35-41)

« Qui est-il donc, celui-ci, pour que même le vent et la mer lui obéissent ? »

Ce jour-là, le soir venu, Jésus dit à ses disciples : « Passons sur l'autre rive. » Quittant la foule, ils emmenèrent Jésus, comme il était, dans la barque, et d'autres barques l'accompagnaient. Survient une violente tempête. Les vagues se jetaient sur la barque, si bien que déjà elle se remplissait. Lui dormait sur le coussin à l'arrière. Les disciples le réveillent et lui disent : « Maître, nous sommes perdus ; cela

ne te fait rien ? » Réveillé, il menaça le vent et dit à la mer : « Silence, tais-toi ! » Le vent tomba, et il se fit un grand calme. Jésus leur dit : « Pourquoi êtes-vous si craintifs ? N'avez-vous pas encore la foi ? » Saisis d'une grande crainte, ils se disaient entre eux : « Qui est-il donc, celui-ci, pour que même le vent et la mer lui obéissent ? »

Prière sur les offrandes

Seigneur Dieu, dans ta bonté, tu donnes à tes mystères de produire leurs effets ; nous t'en prions : que notre liturgie soit accordée à la sainteté de ces dons. Par le Christ, notre Seigneur. — ***Amen.***

Antienne de la communion

Bénis le Seigneur, ô mon âme, bénis son nom très saint, tout mon être !
(Ps 102, 1)

OU Père, je te prie pour eux :
qu'ils soient un en nous, eux aussi,
pour que le monde croie que tu m'as envoyé, dit le Seigneur. (cf. Jn 17, 20-21)

Prière après la communion

Nous t'en prions, Seigneur, donne-nous d'être vivifiés par le sacrifice divin que nous avons offert et reçu en communion ; ainsi, reliés à toi par une charité qui ne passera jamais, nous porterons un fruit qui demeure pour toujours. Par le Christ, notre Seigneur. — ***Amen.***

INVITATION

C'est la Journée internationale de commémoration en mémoire des victimes de l'Holocauste. Quelle action ou parole puis-je poser contre l'antisémitisme ?

COMMENTAIRE

Réveillons-le ! Marc 4, 35-41

La tempête s'est levée, les vagues se jettent sur la barque et Jésus dort tranquillement, sur le coussin, à l'arrière. Il ne fait pas semblant, il dort bel et bien. Les disciples ne s'embarrassent pas de précautions inutiles, ils le réveillent et lui adressent des reproches : « Cela ne te fait rien ? » L'évangile de la tempête apaisée n'est pas seulement une invitation à la foi, il est aussi un appel à retrouver une familiarité simple et fraternelle avec le Christ. ■

Bertrand Lesoing, *prêtre de la communauté Saint-Martin*

✻ CLÉ DE LECTURE

« Mourra » 2 Samuel 12, 14 *(p. 191)*

Le récit nous révolte : pourquoi l'enfant mourrait-il à cause du crime de son père ? Le texte biblique porte la trace d'une mentalité archaïque liée à l'idée de rétribution et de châtiment héréditaires. Pourtant, comme souvent, une ligne de réflexion plus novatrice le parcourt et vient proposer une autre image de Dieu. David, après avoir pris conscience de l'horreur de sa faute, s'être repenti et avoir supplié Dieu, se relèvera. Il refusera de se laisser enfermer dans le mal et dans la mort, et à nouveau il pariera pour la vie. David et Bethsabée auront un autre fils, Salomon, dont Dieu fera un grand roi. Rien du péché de David n'est minimisé, mais du plus profond de la misère du cœur humain, Dieu peut toujours faire renaître l'espérance et la vie. ■

Roselyne Dupont-Roc, *bibliste*

Sainte Angèle Mérici

Couleur liturgique : blanc

Vers 1474-1540. Tertiaire de saint François, elle fonda à la fin de sa vie la Compagnie de Sainte-Ursule (les Ursulines), un institut de vierges consacrées vivant dans le monde.

Antienne d'ouverture

Que tu es belle, vierge du Christ !
Tu as mérité de recevoir
la couronne du Seigneur,
la couronne de la virginité à jamais.
OU
Voici la vierge sage, elle est au nombre
des jeunes filles prévoyantes ;
sa lampe allumée, elle est sortie
à la rencontre du Christ.

Prière

Que la prière de sainte Angèle, vierge bienheureuse, nous recommande sans cesse à ta bonté, Seigneur, pour que, dociles à ses exemples de prudence et de charité, nous puissions être fidèles à ton enseignement et en témoigner dans toute notre vie. Par Jésus… ***— Amen.***

Prière sur les offrandes

Nous proclamons tes merveilles, accomplies en la bienheureuse vierge, sainte Angèle Mérici, Seigneur, Dieu de majesté, et nous te supplions humblement : toi qui appréciais les mérites de sa vie, accepte l'hommage de notre service. Par le Christ, notre Seigneur.
— Amen.

Antienne de la communion

J'ai demandé une chose au Seigneur,
la seule que je cherche : habiter
la maison du Seigneur tous les jours
de ma vie. (cf. Ps 26, 4)

Prière après la communion

En participant au don que tu nous as fait, Seigneur notre Dieu, nous avons renouvelé nos forces, et nous te supplions encore : qu'à l'exemple de sainte Angèle Mérici, portant dans notre corps la mort de Jésus, nous cherchions à nous attacher à toi seul. Par le Christ, notre Seigneur. ***— Amen.***

DIMANCHE 28 JANVIER 2024

4 E DIMANCHE DU TEMPS ORDINAIRE

ANNÉE B – COULEUR LITURGIQUE : VERT

« Il commande même aux esprits impurs, et ils lui obéissent. » Marc 1, 27

© Delphine Renon

« Voilà un enseignement nouveau, donné avec autorité ! » Lorsque le Christ enseigne dans la synagogue de Capharnaüm, les auditeurs sont frappés par sa parole. Jésus ne se limite pas à prononcer un beau discours, sa parole est efficace, elle touche les cœurs et chasse les esprits impurs. Aujourd'hui, accueillons la parole du Christ. Laissons-la guider nos vies. Laissons-la nous mener sur le chemin de la sainteté.

RITES INITIAUX

Chant d'entrée *(Suggestions p. 259)*
OU
Antienne d'ouverture
Sauve-nous, Seigneur notre Dieu ; rassemble-nous
du milieu des nations, que nous rendions grâce
à ton saint nom, fiers de chanter ta louange ! (Ps 105, 47)

Suggestion de préparation pénitentielle *(ou p. 229)*
Frères et sœurs, la parole du Christ fait autorité, elle chasse les esprits impurs. Avec ferveur, préparons-nous à célébrer le mystère de l'eucharistie, en reconnaissant que nous avons péché.

Seigneur Jésus, toi notre Dieu, ta parole guide nos vies et nos chemins. Seigneur, prends pitié.
— Seigneur, prends pitié.
Ô Christ, toi notre berger, ta parole nous fortifie aux jours d'errance et de souffrance. Ô Christ, prends pitié.
— Ô Christ, prends pitié.
Seigneur, toi notre rocher, ta parole nous entraîne à la louange et à l'action de grâce. Seigneur, prends pitié.
— Seigneur, prends pitié.

Que Dieu tout-puissant nous fasse miséricorde ; qu'il nous pardonne nos péchés et nous conduise à la vie éternelle. ***— Amen.***

Gloire à Dieu *(p. 231)*

Prière

Accorde-nous, Seigneur notre Dieu, de pouvoir t'adorer de tout notre esprit, et d'avoir envers tous une vraie charité. Par Jésus… – ***Amen.***

LITURGIE DE LA PAROLE

Lecture du livre du Deutéronome (18, 15-20)

« Je ferai se lever un prophète; je mettrai dans sa bouche mes paroles »

Moïse disait au peuple : « Au milieu de vous, parmi vos frères, le Seigneur votre Dieu fera se lever un prophète comme moi, et vous l'écouterez. C'est bien ce que vous avez demandé au Seigneur votre Dieu, au mont Horeb, le jour de l'assemblée, quand vous disiez : "Je ne veux plus entendre la voix du Seigneur mon Dieu, je ne veux plus voir cette grande flamme, je ne veux pas mourir !" Et le Seigneur me dit alors : "Ils ont bien fait de dire cela. Je ferai se lever au milieu de leurs frères un prophète comme toi; je mettrai dans sa bouche mes paroles, et il leur dira tout ce que je lui prescrirai. Si quelqu'un n'écoute pas les paroles que ce prophète prononcera en mon nom, moi-même je lui en demanderai compte. Mais un prophète qui aurait la présomption de dire en mon nom une parole que je ne lui aurais pas prescrite, ou qui parlerait au nom d'autres dieux, ce prophète-là mourra." » – Parole du Seigneur.

Psaume 94 (95)

℟ *Aujourd'hui, ne fermez pas votre cœur,*
mais écoutez la voix du Seigneur !

T. : AELF ; M. : J.-P. Lécot ; Éd. : ADF.

Venez, crions de joie pour le Seigneur,
acclamons notre Rocher, notre salut !
Allons jusqu'à lui en rendant grâce,
par nos hymnes de fête acclamons-le ! ℟

Retrouvez ce psaume sur le CD "Les psaumes de l'année B"

Entrez, inclinez-vous, prosternez-vous,
adorons le Seigneur qui nous a faits.
Oui, il est notre Dieu ;
nous sommes le peuple qu'il conduit le troupeau guidé par sa main. ℟

28 - 31

℟ ***Aujourd'hui, ne fermez pas votre cœur,***
mais écoutez la voix du Seigneur !

Aujourd'hui écouterez-vous sa parole ?
« Ne fermez pas votre cœur comme au désert,
comme au jour de tentation et de défi,
où vos pères m'ont tenté et provoqué,
et pourtant ils avaient vu mon exploit. » ℟

Lecture de la première lettre de saint Paul apôtre aux Corinthiens (7, 32-35)

« La femme qui reste vierge a le souci des affaires du Seigneur, afin d'être sanctifiée »

Frères, j'aimerais vous voir libres de tout souci. Celui qui n'est pas marié a le souci des affaires du Seigneur, il cherche comment plaire au Seigneur. Celui qui est marié a le souci des affaires de ce monde, il cherche comment plaire à sa femme, et il se trouve divisé. La femme sans mari, ou celle qui reste vierge, a le souci des affaires du Seigneur, afin d'être sanctifiée dans son corps et son esprit. Celle qui est mariée a le souci des affaires de ce monde, elle cherche comment plaire à son mari. C'est dans votre intérêt que je dis cela ; ce n'est pas pour vous tendre un piège, mais pour vous proposer ce qui est bien, afin que vous soyez attachés au Seigneur sans partage. – Parole du Seigneur.

Acclamation de l'Évangile

Alléluia. Alléluia. Le peuple qui habitait dans les ténèbres a vu une grande lumière. Sur ceux qui habitaient dans le pays et l'ombre de la mort, une lumière s'est levée. ***Alléluia.***

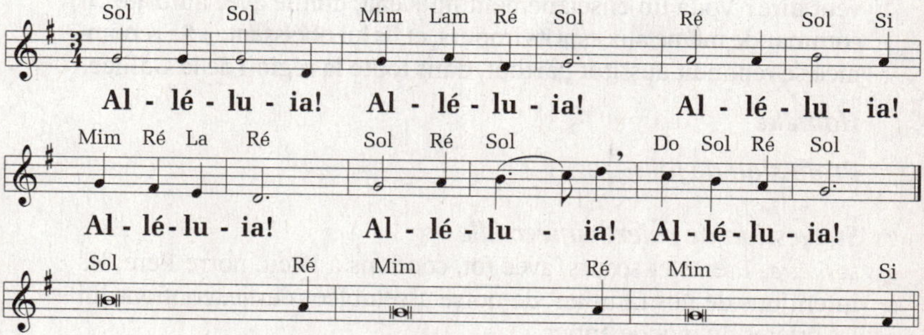

I 268; M. : O. Vercruysse; Audivis; Psalmodie : M. Wackenheim; Bayard Liturgie.

Évangile de Jésus Christ selon saint Marc (1, 21-28)

« Il enseignait en homme qui a autorité »

Jésus et ses disciples entrèrent à Capharnaüm. Aussitôt, le jour du sabbat, il se rendit à la synagogue, et là, il enseignait. On était frappé par son enseignement, car il enseignait en homme qui a autorité, et non pas comme les scribes. Or, il y avait dans leur synagogue un homme tourmenté par un esprit impur, qui se mit à crier : « Que nous veux-tu, Jésus de Nazareth ? Es-tu venu pour nous perdre ? Je sais qui tu es : tu es le Saint de Dieu. » Jésus l'interpella vivement : « Tais-toi ! Sors de cet homme. » L'esprit impur le fit entrer en convulsions, puis, poussant un grand cri, sortit de lui. Ils furent tous frappés de stupeur et se demandaient entre eux : « Qu'est-ce que cela veut dire ? Voilà un enseignement nouveau, donné avec autorité ! Il commande même aux esprits impurs, et ils lui obéissent. » Sa renommée se répandit aussitôt partout, dans toute la région de la Galilée.

Homélie

Profession de foi *(p. 232)*

Suggestion de prière universelle

Le prêtre : Frères et sœurs, avec foi, confions à Dieu, notre Père, les intentions de nos familles, de notre assemblée réunie, confions-lui les prières du monde entier.

℟ ***En ta bonté, Seigneur, écoute notre appel.***

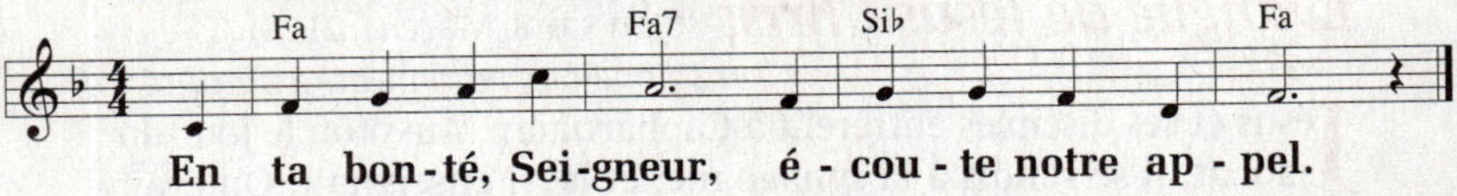

Y 33-3 SM ; T. et M. : M. Debaisieux.

Le diacre ou un lecteur :

Prions pour le don de la diversité au sein de l'Église. Que l'Esprit aide l'Église à reconnaître en son sein la diversité des charismes, et à se réjouir de la richesse de ses différentes traditions rituelles. Ensemble, prions. ℟

Prions pour nos responsables politiques. Que l'Esprit les aide à chercher des chemins de réconciliation entre les peuples, et à soutenir les personnes en migration suite à la guerre, à la famine, à la misère. Ensemble, prions. ℟

Prions pour les familles éprouvées ou divisées. Que l'Esprit Saint soutienne les familles où règne l'incompréhension, le non-dialogue, la division, et qu'il inspire des chemins de pardon et de réconciliation. Ensemble, prions. ℟

Prions pour notre assemblée réunie. Que l'Esprit Saint donne bonheur et joie à tous les enfants qui se préparent au baptême, à la communion, à la confirmation, et qu'il soutienne tous les catéchistes. Ensemble, prions. ℟

(Ces intentions seront adaptées ou modifiées selon les circonstances.)

Le prêtre : Dieu notre Père, écoute la prière de tes enfants rassemblés en ce jour, daigne exaucer toutes leurs prières, par le Christ, notre Seigneur. ***— Amen.***

LITURGIE EUCHARISTIQUE

Prière sur les offrandes

Pour te servir, Seigneur, nous déposons nos présents sur ton autel : accueille-les favorablement, pour qu'ils deviennent le sacrement de notre rédemption. Par le Christ, notre Seigneur. — ***Amen.***

Prière eucharistique *(Préface des dimanches, p. 237)*

Chant de communion *(Suggestions p. 259)*
OU
Antienne de la communion
Sur ton serviteur, que s'illumine ta face;
sauve-moi dans ta miséricorde. Seigneur, garde-moi
d'être humilié, car je t'ai invoqué. (cf. Ps 30, 17-18)
OU
Heureux les pauvres de cœur, car le royaume des Cieux est à eux.
Heureux les doux, car ils recevront la terre en héritage.
(Mt 5, 3.5)

Prière après la communion
Nous avons été fortifiés par le sacrement de notre rédemption, et nous t'en prions, Seigneur : que cette nourriture pour le salut éternel nous fasse progresser dans la foi véritable. Par le Christ, notre Seigneur. — ***Amen.***

RITE DE CONCLUSION

Bénédiction et envoi

COMMENTAIRE DU DIMANCHE

Benoît Gschwind, prêtre assomptionniste

La lampe de mes pas !

Moïse, fidèle à lui-même, redit la parole du Seigneur au peuple de Dieu arraché à une terre d'esclavage. Avec le peuple de Dieu, Moïse traverse le désert et marche vers la Terre promise. Une terre où coulent le lait et le miel, une terre de promesse toute faite pour ce peuple. La voix du prophète a la force de la parole de Dieu lui-même, et il faut l'écouter et la mettre en œuvre. C'est Dieu qui donne les mots et la force de sa parole au prophète. Bonne nouvelle : un prophète se lèvera au milieu de mon peuple ! Bonne nouvelle : l'aventure du peuple de Dieu ne s'arrête pas, elle se poursuit ! « Ne fermez pas votre cœur », nous rappelle le psaume de ce jour. La tentation de passer à côté de la parole de Dieu peut être grande. Elle a d'ailleurs dérouté le peuple de Dieu dans sa marche vers la Terre promise, le conduisant à •••

••• se tourner vers des idoles. Au moment du baptême, le prêtre évoque l'œuvre du Tentateur et appelle sur le baptisé la force de Dieu pour qu'il résiste, par la foi, tout au long de sa vie, à la tentation et au mal. L'évangile d'aujourd'hui nous montre Jésus chassant des esprits mauvais déroutant l'homme de sa vocation et de sa dignité d'enfant de Dieu. L'autorité de la parole de Jésus libère. Elle fait son travail, comme elle travaille notre propre vie humaine dès lors que nous l'écoutons et la laissons faire son chemin. Oui, Seigneur, ta parole est la lampe de nos pas (cf. Ps 118, 105) !

Je lis, j'écoute, je médite la parole de Dieu,
de temps en temps ou chaque jour… Ai-je conscience
de la force de cette Parole pas comme les autres ?

La Parole est-elle la lampe de mes pas ? Donne-t-elle une
orientation décisive à ma journée ? à ma semaine ? à ma vie ? ■

Prions en Église junior

LIRE L'ÉVANGILE AVEC LES ENFANTS

CE QUE JE DÉCOUVRE

Tout au long de sa vie, Jésus va guérir des malades, redonner la vue aux aveugles, et même rendre la vie à certaines personnes. Tous ces signes annoncent la mission de Jésus : **il est celui qui nous libère de la souffrance et du mal.** Pour cela, il mourra sur la Croix avant de ressusciter.

Là est son autorité : la victoire de la vie sur la mort.

CE QUE JE VIS

Y a-t-il un miracle de Jésus que tu aimes particulièrement ? Quel miracle aimerais-tu que Jésus fasse pour toi ?

Dimanche à la messe, ou au caté, écoute attentivement la parole de Jésus.

Texte : Frédéric Pascal. Illustrations : Marcelino Truong

MÉDITATION BIBLIQUE

4E DIMANCHE DU TEMPS ORDINAIRE

Évangile selon saint Marc 1, 21-28

Vie augmentée

Le récit de l'évangile du jour raconte comment le monde visible et invisible prend acte de la présence du Christ dans le monde.

Le temps de la préparation

« Je ferai se lever au milieu de leurs frères un prophète comme toi ; je mettrai dans sa bouche mes paroles, et il leur dira tout ce que je lui prescrirai. » (Dt 18, 18)

Le temps de l'observation

Alors que la vie publique de Jésus ne fait que commencer, les esprits sont les premiers à reconnaître sa puissance et à l'annoncer à tous : Jésus parle et agit avec autorité sur le monde visible et invisible. Que signifie cette autorité ? En français, le mot donne un indice. Le terme partage la même racine qu' « augmenté » ou « auteur ». Il est possible de penser que Jésus a de l'autorité sur les personnes qu'il rencontre parce que sa puissance est intense, parce que sa proximité à Dieu est plus forte. Mais il ne faudrait pas s'arrêter là. Si les esprits et les personnes reconnaissent de l'autorité à Jésus, c'est surtout parce qu'ils se reconnaissent augmentés, libérés à son contact. Jésus a de l'autorité car il permet aux personnes de devenir les auteurs de leur vie. C'est précisément cela que ne supportent pas toutes les puissances ou les puissants qui cherchent une mainmise sur les autres.

Le temps de la méditation

Malgré des apparences étranges, pour les rationnels que nous sommes, ce récit de l'évangile du jour parle bien de nos vies. La présence de Jésus dérange toutes les forces qui se mettent en travers de la libération, de la vie, de la lumière. Leurs réactions permettent de mieux saisir ce qui est à l'œuvre au contact de cet homme. Jésus insère de l'absolu, du décisif dans nos vies. Il nous offre de devenir coauteur de notre existence et nous aide à nous débarrasser des esprits réels ou fictifs qui ont pris le pouvoir sur nous et qui nous tirent vers le bas. C'est en cela que l'enseignement de Jésus est libérateur. Il permet à chacune des personnes rencontrées de grandir en déployant une singularité qui sera précieuse à tous. Jésus donne à voir les oppressions qui nous entravent et met en œuvre le pouvoir pour nous en extraire. Cet évangile confirme que, tôt ou tard, les oppresseurs seront démasqués et que la libération fera son chemin.

Le temps de la prière

« Venez, crions de joie pour le Seigneur, acclamons notre Rocher, notre salut ! Allons jusqu'à lui en rendant grâce, par nos hymnes de fête acclamons-le ! Entrez, inclinez-vous, prosternez-vous, adorons le Seigneur qui nous a faits. » (Ps 94, 1-2.6) ■

Marie-Laure Durand, bibliste

L'ÉVÉNEMENT

FESTIVAL INTERNATIONAL DE LA BD D'ANGOULÊME

La foi en bulles

Du 25 au 28 janvier se déroule la 51e édition du Festival international de la bande dessinée, à Angoulême (16). À cette occasion, un jury présidé par Mgr Jean-Louis Balsa, archevêque d'Albi (81), remettra le prix de la BD chrétienne.

Chaque année, Angoulême se transforme en un vivier de créativité pour les amoureux de la bande dessinée. Depuis 1973, le Festival international de la bande dessinée est un rendez-vous annuel incontournable de dédicaces et d'expositions. L'un des événements phares est le prix international de la bande dessinée chrétienne, qui récompense un album à caractère religieux. « 2024 marquera la 37e édition de ce prix », déclare Marie Piton, présidente de l'association BD chrétienne d'Angoulême (BDCA). « Il couronne un album pour ses qualités artistiques, littéraires et théologiques, et sa contribution à la diffusion de la foi », ajoute-t-elle. Le neuvième art évolue, et avec lui, le prix chrétien. « Si l'on pense BD, on a tendance à imaginer des ouvrages pour enfants, et ce que l'on appelle dans le jargon les BD franco-belges. Pourtant, de nombreux albums pour

© Diocèse d'Angoulême

Animations et rencontres autour du 9e art.

adultes, mangas et romans graphiques sont également en lice pour notre prix », précise-t-elle. En 2023, *Matteo Ricci – Dans la cité interdite*, de Jean Dufaux et Martin Jamar, publié chez Dargaud, a reçu cette prestigieuse distinction. Avec ce prix, le festival d'Angoulême rassemble tous les ans auteurs, passionnés et curieux dans une célébration de l'art de la bande dessinée et de la foi. ■

Sébastien Antoni, journaliste

LA BD, OU LE FESTIVAL DU BON DIEU…

Pendant le festival, la cathédrale, le temple de l'Église réformée de France et l'église Saint-Martial accueillent les festivaliers. Le 27 janvier à 19 heures, une messe est célébrée à la cathédrale. L'homélie est illustrée et projetée en bulles, ajoutant une touche créative à la célébration.

LUNDI 29 JANVIER 2024

4e SEMAINE DU TEMPS ORDINAIRE COULEUR LITURGIQUE : VERT

Temps ordinaire, *suggestion d'oraisons et d'antiennes n° 14*

Antienne d'ouverture

Dieu, nous accueillons ta miséricorde
au milieu de ton temple.
Ta louange, comme ton nom, Seigneur Dieu,
couvre l'étendue de la terre.
Ta main droite est pleine de justice.
(cf. Ps 47, 10-11)

Prière

Seigneur Dieu, par l'abaissement de ton Fils, tu as relevé le monde déchu ; donne à tes fidèles une joie sainte : tu les as tirés de l'esclavage du péché ; fais-leur connaître le bonheur éternel. Par Jésus… ***— Amen.***

Lecture

du deuxième livre de Samuel (15, 13-14.30 ; 16, 5-13a)

« Fuyons devant Absalom.
Laissez Shiméï me maudire, si le Seigneur le lui a ordonné »

En ces jours-là, un messager vint annoncer à David : « Le cœur des hommes d'Israël a pris parti pour Absalom. » Alors David dit à tous ses serviteurs, qui étaient avec lui à Jérusalem : « Debout, fuyons !

Autrement nous n'échapperons pas à Absalom. Vite, partez ! Sans quoi, il nous gagnera de vitesse, il nous précipitera dans le malheur et passera la ville au fil de l'épée. »
David montait par la montée des Oliviers ; il montait en pleurant, la tête voilée ; il marchait pieds nus. Tous ceux qui l'accompagnaient avaient la tête voilée ; et ils montaient en pleurant. Comme le roi David atteignait Bahourim, il en sortit un homme du même clan que la maison de Saül. Il s'appelait Shiméï, fils de Guéra. Tout en sortant, il proférait des malédictions. Il lançait des pierres à David et à tous les serviteurs du roi, tandis que la foule et les guerriers entouraient le roi à droite et à gauche. Shiméï maudissait le roi en lui criant : « Va-t'en, va-t'en, homme de sang, vaurien ! Le Seigneur a fait retomber sur toi tout le sang de la maison de Saül dont tu as usurpé la royauté ; c'est pourquoi le Seigneur a remis la royauté entre les mains de ton fils Absalom. Et te voilà dans le malheur, car tu es un homme de sang. » Abishaï, fils de Cerouya, dit au roi : « Comment ce chien crevé peut-il maudire mon seigneur le roi ? Laisse-moi passer, que je lui tranche la tête. » Mais le roi répondit : « Que me voulez-vous, fils de Cerouya ? S'il maudit, c'est peut-être parce que le Seigneur lui a ordonné de maudire David. Alors, qui donc pourrait le lui reprocher ? » David dit à Abishaï et à tous ses serviteurs : « Même celui qui est mon propre fils s'attaque à ma vie : à plus forte raison ce descendant de Benjamin ! Laissez-le maudire, si le Seigneur le lui a ordonné. Peut-être* que le Seigneur considérera ma misère et me rendra le bonheur au lieu de sa malédiction d'aujourd'hui. »
David et ses hommes continuèrent leur chemin.
– Parole du Seigneur.

Psaume 3

℟ ***Lève-toi, Seigneur ! Sauve-moi, mon Dieu !***

Seigneur, qu'ils sont nombreux
mes adversaires,
nombreux à se lever contre moi,
nombreux à déclarer à mon sujet :
« Pour lui, pas de salut auprès de Dieu ! » ℟

Mais toi, Seigneur, mon bouclier,
ma gloire, tu tiens haute ma tête.

À pleine voix je crie vers le Seigneur ;
il me répond de sa montagne sainte. ℟

Et moi, je me couche et je dors ;
je m'éveille : le Seigneur
est mon soutien.
Je ne crains pas ce peuple nombreux
qui me cerne et s'avance contre moi. ℟

Acclamation de l'Évangile

Alléluia. Alléluia. Un grand prophète s'est levé parmi nous, et Dieu a visité son peuple. ***Alléluia.***

Évangile de Jésus Christ

selon saint Marc (5, 1-20)

« Esprit impur, sors de cet homme ! »

En ce temps-là, Jésus et ses disciples arrivèrent sur l'autre rive, de l'autre côté de la mer de Galilée, dans le pays des Géraséniens. Comme Jésus sortait de la barque, aussitôt un homme possédé d'un esprit impur s'avança depuis les tombes à sa rencontre ; il habitait dans les tombeaux et personne ne pouvait plus l'attacher, même avec une chaîne ; en effet

on l'avait souvent attaché avec des fers aux pieds et des chaînes, mais il avait rompu les chaînes, brisé les fers, et personne ne pouvait le maîtriser. Sans arrêt, nuit et jour, il était parmi les tombeaux et sur les collines, à crier, et à se blesser avec des pierres. Voyant Jésus de loin, il accourut, se prosterna devant lui et cria d'une voix forte : « Que me veux-tu, Jésus, Fils du Dieu Très-Haut ? Je t'adjure par Dieu, ne me tourmente pas ! » Jésus lui disait en effet : « Esprit impur, sors de cet homme ! » Et il lui demandait : « Quel est ton nom ? » L'homme lui dit : « Mon nom est Légion, car nous sommes beaucoup. » Et ils suppliaient Jésus avec insistance de ne pas les chasser en dehors du pays. Or, il y avait là, du côté de la colline, un grand troupeau de porcs qui cherchait sa nourriture. Alors, les esprits impurs supplièrent Jésus : « Envoie-nous vers ces porcs, et nous entrerons en eux. » Il le leur permit. Ils sortirent alors de l'homme et entrèrent dans les porcs. Du haut de la falaise, le troupeau se précipita dans la mer : il y avait environ deux mille porcs, et ils se noyaient dans la mer. Ceux qui les gardaient prirent la fuite, ils annoncèrent la nouvelle dans la ville et dans la campagne, et les gens vinrent voir ce qui s'était passé. Ils arrivent auprès de Jésus, ils voient le possédé assis, habillé, et revenu à la raison, lui qui avait eu la légion de démons, et ils furent saisis de crainte. Ceux qui avaient vu tout cela leur racontèrent l'histoire du possédé et ce qui était arrivé aux porcs. Alors ils se mirent à supplier Jésus de quitter leur territoire.

Comme Jésus remontait dans la barque, le possédé le suppliait de pouvoir être avec lui. Il n'y consentit pas, mais il lui dit : « Rentre à la maison, auprès des tiens, annonce-leur tout ce que le Seigneur a fait pour toi dans sa miséricorde. » Alors l'homme s'en alla, il se mit à proclamer dans la région de la Décapole ce que Jésus avait fait pour lui, et tout le monde était dans l'admiration.

Prière sur les offrandes

Puissions-nous être purifiés, Seigneur, par l'offrande consacrée à ton nom ; qu'elle nous conduise, de jour en jour, à vivre de la vie du ciel. Par le Christ, notre Seigneur. — ***Amen.***

Antienne de la communion

Goûtez et voyez : le Seigneur est bon !
Heureux qui trouve
en lui son refuge ! (Ps 33, 9)
OU
Venez à moi, vous tous qui peinez
sous le poids du fardeau,
et moi, je vous procurerai le repos,
dit le Seigneur. (Mt 11, 28)

Prière après la communion

Comblés de si grands bienfaits, nous te supplions, Seigneur : fais que nous en retirions des fruits pour notre salut et que jamais nous ne cessions de chanter ta louange. Par le Christ, notre Seigneur. — ***Amen.***

INVITATION

Je relis lentement le psaume du jour, en m'arrêtant sur l'un ou l'autre mot.

COMMENTAIRE

Thriller et miséricorde

Marc 5, 1-20

Une mise en scène digne d'un thriller : un possédé, des tombes, des esprits, des porcs, des gens apeurés. Jésus est venu sur cette autre rive, la Décapole païenne, pour une rencontre, une libération. « Quel est ton nom ? », demande-t-il à l'homme sans identité, envahi par d'autres, déshumanisé, sans liens. Une question, qui ouvre l'homme à son humanité, fait de ce païen un apôtre de la miséricorde de Dieu. ■

Colette Hamza, xavière

✲ CLÉ DE LECTURE

« Peut-être »

2 Samuel 16, 12 *(p. 213)*

L'attitude de David est surprenante ! Couvert de malédictions par un partisan de Saül, le roi déchu, il refuse de s'en offusquer. Il reconnaît même la justesse des insultes de Shiméï qui le traite d'assassin. Il y entend la condamnation de ses actes par le Seigneur lui-même. Certes, il s'est repenti et la naissance de ses fils lui a montré que Dieu lui gardait sa faveur. Mais David connaît ses faiblesses, sa fragilité. Il sait que, devant Dieu, nul ne saurait être juste et il accepte le jugement divin. Malgré tout, à la façon des prophètes, il maintient sa confiance et son espérance par un « peut-être » qui rouvre l'avenir. Oui, l'être humain peut mériter la malédiction, mais la miséricorde de Dieu dépasse infiniment nos fautes et nos mérites ! ■

Roselyne Dupont-Roc, bibliste

MARDI 30 JANVIER 2024

4E SEMAINE DU TEMPS ORDINAIRE COULEUR LITURGIQUE : VERT

Temps ordinaire, *suggestion d'oraisons et d'antiennes nº 15*

Antienne d'ouverture

Moi, par ta justice, je verrai ta face ;
quand ta gloire se manifestera,
je serai rassasié.
(cf. Ps 16, 15)

Prière

Seigneur Dieu, tu montres aux égarés la lumière de ta vérité pour qu'ils puissent reprendre le bon chemin ; donne à tous ceux qui se déclarent chrétiens de rejeter ce qui est contraire à ce nom et de rechercher ce qui lui fait honneur. Par Jésus…
– Amen.

Lecture

du deuxième livre de Samuel (18, 9-10.14b.24-25a.30 – 19, 4)

« Mon fils Absalom !
Pourquoi ne suis-je pas mort à ta place ? »

En ces jours-là, dans sa fuite, Absalom se retrouva par hasard en face des serviteurs de David. Il montait un mulet, et le mulet s'engagea sous la ramure d'un grand térébinthe. La tête d'Absalom se prit dans les branches, et il resta entre ciel et terre, tandis que le mulet qui

était sous lui continuait d'avancer. Quelqu'un l'aperçut et avertit Joab : « Je viens de voir Absalom suspendu dans un térébinthe. » Joab se saisit de trois épieux qu'il planta dans le cœur d'Absalom.
David était assis à l'intérieur de la double porte de la ville. Un guetteur allait et venait sur la terrasse de la porte, au-dessus du rempart ; comme il regardait au loin, il aperçut un homme seul qui courait. Le guetteur cria pour avertir le roi, et le roi dit : « S'il est seul, c'est qu'il a une bonne nouvelle à nous annoncer. » Le roi lui dit : « Écarte-toi et tiens-toi là. » Il s'écarta et attendit. Alors arriva l'Éthiopien, qui déclara : « Bonne nouvelle pour mon seigneur le roi ! Le Seigneur t'a rendu justice aujourd'hui, en t'arrachant aux mains de tous ceux qui se dressaient contre toi. » Le roi demanda : « Le jeune Absalom est-il en bonne santé ? » Et l'Éthiopien répondit : « Qu'ils aient le sort de ce jeune homme, les ennemis de mon seigneur le roi, et tous ceux qui se sont dressés contre toi pour le mal ! »
Alors le roi fut bouleversé, il monta dans la salle au-dessus de la porte, et il se mit à pleurer. Tout en marchant, il disait : « Mon fils Absalom ! mon fils ! mon fils Absalom ! Pourquoi ne suis-je pas mort à ta place ? Absalom, mon fils ! mon fils ! » On alla prévenir Joab : « Voici que le roi pleure : il est en deuil d'Absalom. » La victoire, ce jour-là, se changea en deuil pour toute l'armée, car elle apprit ce jour-là que le roi était dans l'affliction à cause de son fils. Et ce jour-là, l'armée rentra dans la ville à la dérobée, comme se dérobe une armée qui s'est couverte de honte en fuyant durant la bataille. – Parole du Seigneur.

Psaume 85 (86)

℟ ***Écoute, Seigneur, réponds-moi !***

Écoute, Seigneur, réponds-moi,
car je suis pauvre et malheureux.
Veille sur moi qui suis fidèle, ô mon Dieu,
sauve ton serviteur qui s'appuie sur toi. ℟

Prends pitié de moi, Seigneur,
toi que j'appelle chaque jour.
Seigneur, réjouis ton serviteur :
vers toi, j'élève mon âme ! ℟

Toi qui es bon et qui pardonnes,
plein d'amour pour tous ceux
qui t'appellent,
écoute ma prière, Seigneur,
entends ma voix qui te supplie. ℟

Acclamation de l'Évangile

Alléluia. Alléluia. Le Christ a pris nos souffrances, il a porté nos maladies. ***Alléluia.***

Évangile de Jésus Christ

selon saint Marc (5, 21-43)

« Jeune fille, je te le dis, lève-toi ! »

En ce temps-là, Jésus regagna en barque l'autre rive, et une grande foule s'assembla autour de lui. Il était au bord de la mer. Arrive un des chefs de synagogue, nommé Jaïre. Voyant Jésus, il tombe à ses pieds et le supplie instamment : « Ma fille, encore si jeune, est à la dernière extrémité. Viens lui imposer les mains pour qu'elle soit sauvée et qu'elle vive. » Jésus partit avec lui, et la foule qui le suivait était si nombreuse qu'elle l'écrasait.

Or, une femme, qui avait des pertes de sang depuis douze ans… – elle avait beaucoup souffert du traitement de nombreux médecins, et elle avait dépensé tous ses biens sans avoir la moindre amélioration ; au contraire, son état avait plutôt empiré – … cette femme donc, ayant appris ce qu'on disait de Jésus, vint par-derrière dans la foule et toucha son vêtement. Elle se disait en effet : « Si je parviens à toucher seulement son vêtement, je serai sauvée. » À l'instant, l'hémorragie s'arrêta, et elle ressentit dans son corps qu'elle était guérie de son mal. Aussitôt Jésus se rendit compte qu'une force était sortie de lui. Il se retourna dans la foule, et il demandait : « Qui a touché mes vêtements ? » Ses disciples lui répondirent : « Tu vois bien la foule qui t'écrase, et tu demandes : "Qui m'a touché ?" » Mais lui regardait tout autour pour voir celle qui avait fait cela. Alors la femme, saisie de crainte et toute tremblante, sachant ce qui lui était arrivé, vint se jeter à ses pieds et lui dit toute la vérité. Jésus lui dit alors : « Ma fille, ta foi t'a sauvée. Va en paix et sois guérie de ton mal. »

Comme il parlait encore, des gens arrivent de la maison de Jaïre, le chef de synagogue, pour dire à celui-ci : « Ta fille vient de mourir. À quoi bon déranger encore le Maître ? » Jésus, surprenant ces mots, dit au chef de synagogue : « Ne crains pas, crois seulement. » Il ne laissa personne l'accompagner, sauf Pierre, Jacques, et Jean, le frère de Jacques. Ils arrivent à la maison du chef de synagogue. Jésus voit l'agitation, et des gens qui pleurent et poussent de grands cris. Il entre et leur dit : « Pourquoi cette agitation et ces pleurs ? L'enfant n'est pas morte : elle dort. » Mais on se moquait de lui. Alors il met tout le monde dehors, prend avec lui le père et la mère de l'enfant, et ceux qui étaient avec lui ; puis il pénètre là où reposait l'enfant. Il saisit la main de l'enfant, et lui dit : « *Talitha koum* », ce qui signifie : « Jeune fille, je te le dis, lève-toi ! » Aussitôt la jeune fille se leva et se mit à marcher – elle avait en effet douze ans. Ils furent frappés d'une grande stupeur. Et Jésus leur ordonna fermement de ne le faire savoir à personne ; puis il leur dit de la faire manger.

Prière sur les offrandes

Regarde, Seigneur, les dons de l'Église qui te supplie : accorde à tes fidèles qui vont les recevoir la grâce d'une sainteté plus grande. Par le Christ, notre Seigneur. — ***Amen.***

Antienne de la communion

Le passereau lui-même s'est trouvé
une maison, et la tourterelle,
un nid pour abriter sa couvée :
tes autels, Seigneur de l'univers,
mon Roi et mon Dieu !
Heureux les habitants de ta maison :
ils te loueront pour les siècles
des siècles. (cf. Ps 83, 4-5)

OU

Celui qui mange ma chair
et boit mon sang
demeure en moi,
et moi, je demeure en lui,
dit le Seigneur.
(Jn 6, 56)

Prière après la communion
Nous avons reçu tes bienfaits, Seigneur, et nous te supplions : chaque fois que nous célébrons ce mystère, fais grandir en nous ton œuvre de salut. Par le Christ, notre Seigneur. **— *Amen.***

INVITATION

Il est encore temps de souhaiter une bonne année.
Pourquoi ne pas en profiter pour renouer avec des amis perdus de vue ?

COMMENTAIRE

L'audace et la confiance

Marc 5, 21-43

Le désespoir d'un père pour sa fille de 12 ans, mourante, celui d'une femme malade depuis la même durée et une espérance folle qui tient à la frange du manteau de Jésus ! Un geste, un mot suffiraient pour guérir, c'est la foi de l'un et de l'autre. Et « le Maître » accueille leur confiance audacieuse. Laissons Jésus répondre aujourd'hui à nos cris : « Ta foi t'a sauvée. Va en paix et sois guérie [...], lève-toi ! » ■

***Colette Hamza**, xavière*

MERCREDI 31 JANVIER 2024

4E SEMAINE DU TEMPS ORDINAIRE COULEUR LITURGIQUE : BLANC

Saint Jean Bosco

1815-1888. Né de parents pauvres, près de Turin, il fut le prêtre des enfants abandonnés et désœuvrés. Fondateur des Salésiens et des Filles de Marie Auxiliatrice.

Antienne d'ouverture

Celui qui observera et enseignera les commandements du Seigneur, celui-là sera déclaré grand dans le royaume des Cieux, dit le Seigneur. (cf. Mt 5, 19)

OU

Laissez les enfants venir à moi, dit le Seigneur. Ne les empêchez pas, car le royaume de Dieu est à ceux qui leur ressemblent. (cf. Mc 10, 14)

Prière

Seigneur Dieu, tu as suscité le prêtre saint Jean Bosco comme un père et un maître pour la jeunesse ; accorde-nous de brûler du même feu de charité afin de pouvoir attirer les âmes à toi et ne servir que toi seul. Par Jésus… ***— Amen.***

Lecture

du deuxième livre de Samuel (24, 2.9-17)

« C'est moi qui ai péché, c'est moi qui suis coupable ; mais ceux-là, le troupeau, qu'ont-ils fait ? »

En ces jours-là, le roi David dit à Joab, le chef de l'armée, qui était près de lui : « Parcourez toutes les tribus d'Israël, de Dane à Bershéba, et faites le recensement du peuple, afin que je connaisse le chiffre de la

population. » Joab donna au roi les chiffres du recensement : Israël comptait huit cent mille hommes capables de combattre, et Juda cinq cent mille hommes. Mais après cela, le cœur de David lui battit d'avoir recensé le peuple, et il dit au Seigneur : « C'est un grand péché que j'ai commis ! Maintenant, Seigneur, daigne passer sur la faute de ton serviteur, car je me suis vraiment conduit comme un insensé ! »
Le lendemain matin, David se leva. Or la parole du Seigneur avait été adressée au prophète Gad, le voyant attaché à David : « Va dire à David : Ainsi parle le Seigneur : Je vais te présenter trois châtiments ; choisis l'un d'entre eux, et je te l'infligerai. » Gad se rendit alors chez David et lui transmit ce message : « Préfères-tu qu'il y ait la famine dans ton pays pendant sept ans ? Ou bien fuir devant tes adversaires lancés à ta poursuite, pendant trois mois ? Ou bien la peste dans ton pays pendant trois jours ? Réfléchis donc, et vois ce que je dois répondre à celui qui m'a envoyé. » David répondit au prophète Gad : « Je suis dans une grande angoisse… Eh bien ! tombons plutôt entre les mains du Seigneur, car sa compassion est grande, mais que je ne tombe pas entre les mains des hommes ! » Le Seigneur envoya donc la peste en Israël dès le lendemain jusqu'à la fin des trois jours. Depuis Dane jusqu'à Bershéba, il mourut 70 000 hommes.
Mais lorsque l'ange du Seigneur étendit la main vers Jérusalem pour l'exterminer, le Seigneur renonça à ce mal, et il dit à l'ange exterminateur : « Assez ! Maintenant, retire ta main. » L'ange du Seigneur se trouvait alors près de l'aire à grain d'Arauna le Jébuséen. David, en voyant l'ange frapper le peuple, avait

dit au Seigneur : « C'est moi qui ai péché, c'est moi qui suis coupable ; mais ceux-là, le troupeau, qu'ont-ils fait ? Que ta main s'appesantisse donc sur moi et sur la maison de mon père ! » – Parole du Seigneur.

Psaume 31 (32)

℟ ***Enlève, Seigneur, l'offense de ma faute.***

Heureux l'homme dont la fa<u>u</u>te est enlevée,
et le péch<u>é</u> remis !
Heureux l'homme dont le Seigneur
ne retient p<u>a</u>s l'offense,
dont l'espr<u>i</u>t est sans fraude ! ℟

Je t'ai fait conn<u>a</u>ître ma faute,
je n'ai pas cach<u>é</u> mes torts.
J'ai dit : « Je rendrai grâce au Seigneur
en confess<u>a</u>nt mes péchés. »
Et toi, tu as enlevé l'off<u>e</u>nse de ma faute. ℟

Ainsi chacun des tiens te priera
aux he<u>u</u>res décisives ;
même les eaux qui débordent
ne pe<u>u</u>vent l'atteindre.
Tu es un refuge pour moi,
mon abr<u>i</u> dans la détresse ;
de chants de délivrance,
tu m'<u>a</u>s entouré. ℟

Acclamation de l'Évangile

Alléluia. Alléluia. Mes brebis écoutent ma voix, dit le Seigneur ; moi, je les connais, et elles me suivent. ***Alléluia.***

Évangile de Jésus Christ

selon saint Marc (6, 1-6)

« Un prophète n'est méprisé que dans son pays »

En ce temps-là, Jésus se rendit dans son lieu d'origine, et ses disciples le suivirent. Le jour du sabbat, il se mit à enseigner dans la synagogue. De nombreux auditeurs, frappés d'étonnement, disaient : « D'où cela lui vient-il ? Quelle est cette sagesse qui lui a été donnée, et ces grands miracles qui se réalisent par ses mains ? N'est-il pas le charpentier, le fils de Marie, et le frère de Jacques, de José, de Jude et de Simon ? Ses sœurs ne sont-elles pas ici chez nous ? » Et ils étaient profondément choqués à son sujet.

Jésus leur disait : « Un prophète n'est méprisé que dans son pays, sa parenté et sa maison. » Et là il ne pouvait accomplir aucun miracle ; il guérit seulement quelques malades en leur imposant les mains. Et il s'étonna de leur manque de foi. Alors Jésus parcourait les villages d'alentour en enseignant.

Prière sur les offrandes

Accepte, Seigneur, nous t'en prions, le sacrifice que ton peuple consacré t'offre aujourd'hui en mémoire de saint Jean Bosco ; fais qu'en ayant participé à ce mystère, nous devenions des témoins de ta charité. Par le Christ, notre Seigneur.
— Amen.

Antienne de la communion

Celui qui me suit ne marche pas dans les ténèbres, mais il aura la lumière de la vie, dit le Seigneur. (Jn 8, 12)

OU

Si vous ne changez pas pour devenir comme les enfants, dit le Seigneur, vous n'entrerez pas dans le royaume des Cieux. (Mt 18, 3)

Prière après la communion

Dieu tout-puissant, fais que nous trouvions un soutien dans ce repas sacré, pour qu'à l'exemple de saint Jean Bosco, nous manifestions dans notre cœur et par nos actes la charité fraternelle et la lumière de la vérité. Par le Christ, notre Seigneur. ***— Amen.***

INVITATION

La solennité de Sainte Marie, Mère de Dieu a ouvert le mois de janvier. Ai-je perçu l'œuvre de son intercession, ce mois-ci ? Je lui en rends grâce.

COMMENTAIRE

Rien d'extraordinaire Marc 6, 1-6

Jésus « s'étonna de leur manque de foi ». La foi ne vient pas au bout de nos raisonnements. Elle suppose la confiance dans un possible, dans une nouveauté où nous ne voyons qu'habitudes, dans un inconnu lorsque nous sommes dans le savoir. Jésus, parmi les siens, ne peut faire de miracle. Dieu est réduit à l'impuissance lorsque nous attendons l'extraordinaire, alors qu'il prend visage dans l'ordinaire. ■

***Colette Hamza**, xavière*

Liturgie de la messe

RITES INITIAUX

Le chant d'entrée achevé, le prêtre et les fidèles, debout, font le signe de la croix, tandis que le prêtre, tourné vers le peuple, dit :

Au nom du Père, et du Fils, et du Saint-Esprit.

Le peuple répond :

— Amen.

Salutation

La grâce de Jésus, le Christ, notre Seigneur, l'amour de Dieu le Père, et la communion de l'Esprit Saint soient toujours avec vous.

— Et avec votre esprit.

Ou bien : Que la grâce et la paix de Dieu notre Père et du Seigneur Jésus, le Christ, soient toujours avec vous.

— Et avec votre esprit.

Ou bien : Le Seigneur soit avec vous.

— Et avec votre esprit.

Acte pénitentiel

Frères et sœurs, préparons-nous à célébrer le mystère de l'eucharistie, en reconnaissant que nous avons péché.

(1) Je confesse à Dieu tout-puissant, je reconnais devant vous, frères et sœurs, que j'ai péché en pensée, en parole, par action et par omission ; oui, j'ai vraiment péché. C'est pourquoi je supplie la bienheureuse Vierge Marie, les anges et tous les saints, et vous aussi, frères et sœurs, de prier pour moi le Seigneur notre Dieu.

(2) Prends pitié de nous, Seigneur. **— Nous avons péché contre toi.**
Montre-nous, Seigneur, ta miséricorde. **— Et donne-nous ton salut.**

(3) Seigneur Jésus, envoyé pour guérir les cœurs qui reviennent vers toi :
Seigneur, prends pitié. ***— Seigneur, prends pitié.***
Ô Christ, venu appeler les pécheurs : ô Christ, prends pitié.
— Ô Christ, prends pitié.
Seigneur, qui sièges à la droite du Père où tu intercèdes pour nous :
Seigneur, prends pitié. ***— Seigneur, prends pitié.***

Que Dieu tout-puissant nous fasse miséricorde ; qu'il nous pardonne nos péchés et nous conduise à la vie éternelle. ***— Amen.***

Ensuite, on chante ou on dit le Kyrie eleison (Seigneur, prends pitié), à moins qu'il n'ait été déjà employé dans une formule de l'acte pénitentiel (c'est le cas de la précédente).

Kyrie, eleison. ***— Kyrie, eleison.***
Christe, eleison. ***— Christe, eleison.***
Kyrie, eleison. ***— Kyrie, eleison.***
ou bien : Seigneur, prends pitié. ***— Seigneur, prends pitié.***
Ô Christ, prends pitié. ***— Ô Christ, prends pitié.***
Seigneur, prends pitié. ***— Seigneur, prends pitié.***

Gloire à Dieu

Gloire à Dieu, au plus haut des cieux, et paix sur la terre aux hommes,
qu'il aime. Nous te louons, nous te bénissons, nous t'adorons,
nous te glorifions, nous te rendons grâce, pour ton immense gloire,
Seigneur Dieu, Roi du ciel, Dieu le Père tout-puissant.
Seigneur, Fils unique, Jésus Christ, Seigneur Dieu,
Agneau de Dieu, le Fils du Père ;
toi qui enlèves les péchés du monde, prends pitié de nous ;
toi qui enlèves les péchés du monde, reçois notre prière ;
toi qui es assis à la droite du Père, prends pitié de nous.
Car toi seul es Saint, toi seul es Seigneur, toi seul es le Très-Haut :
Jésus Christ, avec le Saint-Esprit dans la gloire de Dieu le Père. Amen.

Gloria in excelsis Deo et in terra pax hominibus bonæ voluntatis. Laudamus te, benedicimus te, adoramus te, glorificamus te, gratias agimus tibi propter magnam gloriam tuam, Domine Deus, Rex cælestis, Deus Pater omnipotens. Domine Fili unigenite, Iesu Christe, Domine Deus, Agnus Dei, Filius Patris, qui tollis peccata mundi, miserere nobis ; qui tollis peccata mundi, suscipe deprecationem nostram. Qui sedes ad dexteram Patris, miserere nobis.
Quoniam tu solus Sanctus, tu solus Dominus, tu solus Altissimus,
Iesu Christe, cum Sancto Spiritu : in gloria Dei Patris. Amen.

Prière d'ouverture

Voir à la date du jour.

Voir à la date du jour.

Profession de foi

Symbole de Nicée-Constantinople

Je crois en un seul Dieu, le Père tout-puissant,
créateur du ciel et de la terre, de l'univers visible et invisible.
Je crois en un seul Seigneur, Jésus Christ, le Fils unique de Dieu,
né du Père avant tous les siècles : il est Dieu, né de Dieu,
lumière née de la lumière, vrai Dieu, né du vrai Dieu,
engendré, non pas créé, consubstantiel au Père, et par lui tout a été fait.
Pour nous les hommes, et pour notre salut, il descendit du ciel;
par l'Esprit Saint, il a pris chair de la Vierge Marie, et s'est fait homme.
Crucifié pour nous sous Ponce Pilate,
il souffrit sa passion et fut mis au tombeau.
Il ressuscita le troisième jour, conformément aux Écritures,
et il monta au ciel; il est assis à la droite du Père.
Il reviendra dans la gloire, pour juger les vivants et les morts;
et son règne n'aura pas de fin.
Je crois en l'Esprit Saint, qui est Seigneur et qui donne la vie;
il procède du Père et du Fils; avec le Père et le Fils,
il reçoit même adoration et même gloire; il a parlé par les prophètes.
Je crois en l'Église, une, sainte, catholique et apostolique.
Je reconnais un seul baptême pour le pardon des péchés.
J'attends la résurrection des morts, et la vie du monde à venir. Amen.

Credo in unum Deum, Patrem omnipotentem,
Factorem cœli et terræ, visibilium omnium et invisibilium.
Et in unum Dominum Iesum Christum, Filium Dei unigenitum,
et ex Patre natum ante omnia sæcula.
Deum de Deo, lumen de lumine, Deum verum de Deo vero, genitum,
non factum, consubstantialem Patri : per quem omnia facta sunt.
Qui propter nos homines et propter nostram salutem descendit de cœlis.
Et incarnatus est de Spiritu Sancto ex Maria Virgine, et homo factus est.
Crucifixus etiam pro nobis sub Pontio Pilato ;
passus et sepultus est, et resurrexit tertia die, secundum Scripturas,
et ascendit in cœlum, sedet ad dexteram Patris.
Et iterum venturus est cum gloria, iudicare vivos et mortuos,
cuius regni non erit finis.
Et in Spiritum Sanctum, Dominum et vivificantem :
qui ex Patre Filioque procedit.
Qui cum Patre et Filio simul adoratur et conglorificatur :
qui locutus est per prophetas.
Et unam, sanctam, catholicam et apostolicam Ecclesiam.
Confiteor unum baptisma in remissionem peccatorum.
Et exspecto resurrectionem mortuorum, et vitam venturi sæculi.
Amen.

Symbole des Apôtres

Je crois en Dieu, le Père tout-puissant, créateur du ciel et de la terre.
Et en Jésus Christ, son Fils unique, notre Seigneur,
qui a été conçu du Saint-Esprit, est né de la Vierge Marie,
a souffert sous Ponce Pilate, a été crucifié, est mort et a été enseveli,
est descendu aux enfers, le troisième jour est ressuscité des morts,
est monté aux cieux, est assis à la droite de Dieu le Père tout-puissant,
d'où il viendra juger les vivants et les morts.
Je crois en l'Esprit Saint, à la sainte Église catholique,
à la communion des saints, à la rémission des péchés,
à la résurrection de la chair, à la vie éternelle. Amen.

Prière universelle

LITURGIE EUCHARISTIQUE

Préparation des dons

Tu es béni, Seigneur, Dieu de l'univers : nous avons reçu de ta bonté le pain que nous te présentons, fruit de la terre et du travail des hommes ; il deviendra pour nous le pain de la vie. ***– Béni soit Dieu, maintenant et toujours !***

Comme cette eau se mêle au vin pour le sacrement de l'Alliance, puissions-nous être unis à la divinité de celui qui a voulu prendre notre humanité.

Tu es béni, Seigneur, Dieu de l'univers : nous avons reçu de ta bonté le vin que nous te présentons, fruit de la vigne et du travail des hommes ; il deviendra pour nous le vin du Royaume éternel.

– Béni soit Dieu, maintenant et toujours !

Le cœur humble et contrit, nous te supplions, Seigneur, accueille-nous : que notre sacrifice, en ce jour, trouve grâce devant toi, Seigneur notre Dieu. Lave-moi de mes fautes, Seigneur, et purifie-moi de mon péché.

Prière sur les offrandes

Priez, frères et sœurs : que mon sacrifice, qui est aussi le vôtre, soit agréable à Dieu le Père tout-puissant.

— Que le Seigneur reçoive de vos mains ce sacrifice à la louange et à la gloire de son nom, pour notre bien et celui de toute l'Église.

Ou bien :

Prions ensemble, au moment d'offrir le sacrifice de toute l'Église.

— Pour la gloire de Dieu et le salut du monde.

Prière eucharistique

Le Seigneur soit avec vous. ***— Et avec votre esprit.***
Élevons notre cœur. ***— Nous le tournons vers le Seigneur.***
Rendons grâce au Seigneur notre Dieu. ***— Cela est juste et bon.***

Préfaces

1re préface de la Nativité

Le Christ lumière

Vraiment, il est juste et bon, pour ta gloire et notre salut, de t'offrir notre action de grâce, toujours et en tout lieu, Seigneur, Père très saint, Dieu éternel et tout-puissant. Car la révélation de ta gloire s'est éclairée pour nous d'une lumière nouvelle dans le mystère du Verbe incarné. Maintenant, nous connaissons en lui Dieu qui s'est rendu visible à nos yeux, et nous sommes entraînés par lui à aimer ce qui demeure invisible. C'est pourquoi, avec les anges et les archanges, avec les puissances d'en haut et tous les esprits bienheureux, nous chantons l'hymne de ta gloire et sans fin nous proclamons : ***Saint! Saint! Saint…***

2e préface de la Nativité

La restauration universelle dans l'Incarnation

Vraiment, il est juste et bon, pour ta gloire et notre salut, de t'offrir notre action de grâce, toujours et en tout lieu, Seigneur, Père très saint, Dieu éternel et tout-puissant, par le Christ, notre Seigneur. Dans le mystère de la Nativité, celui qui par nature est invisible s'est rendu visible en notre chair; engendré avant le temps, il entre dans le cours du temps. Relevant en lui la création déchue, il restaure toute chose et ramène l'homme perdu vers le royaume des Cieux. C'est pourquoi nous te louons avec tous les anges et, dans la joie, nous te célébrons en proclamant : ***Saint! Saint! Saint…***

3e préface de la Nativité

L'échange entre Dieu et les hommes dans l'Incarnation du Verbe

Vraiment, il est juste et bon, pour ta gloire et notre salut, de t'offrir notre action de grâce, toujours et en tout lieu, Seigneur, Père très saint, Dieu éternel et tout-puissant, par le Christ, notre Seigneur. Par lui resplendit en ce jour l'échange merveilleux où nous sommes régénérés : lorsque ton Verbe prend sur lui la fragilité humaine, notre condition mortelle en reçoit une infinie noblesse; il devient tellement l'un de nous que nous devenons éternels. C'est pourquoi, unis au chœur des anges, nous te louons dans la joie en proclamant : ***Saint! Saint! Saint…***

3e préface des dimanches

Notre humanité sauvée par l'humanité du Christ

Vraiment, il est juste et bon, pour ta gloire et notre salut, de t'offrir notre action de grâce, toujours et en tout lieu, Seigneur, Père très saint, Dieu éternel et tout-puissant. Nous reconnaissons le signe de ton immense gloire, quand tu portes secours à la faiblesse humaine par ta puissance divine, mais plus encore quand ton Fils prend notre condition mortelle pour nous guérir de la mort : ainsi, tu fais de notre existence périssable un passage vers le salut, par le Christ, notre Seigneur. Par lui, les anges adorent ta majesté et se réjouissent en ta présence à jamais. À leur hymne de louange, laisse-nous joindre nos voix pour chanter et proclamer : ***Saint ! Saint ! Saint...***

4e préface des dimanches

L'histoire du salut

Vraiment, il est juste et bon, pour ta gloire et notre salut, de t'offrir notre action de grâce, toujours et en tout lieu, Seigneur, Père très saint, Dieu éternel et tout-puissant, par le Christ, notre Seigneur. Par sa naissance, il a renouvelé la condition humaine destinée à vieillir ; par sa passion, il a effacé nos fautes ; par sa résurrection d'entre les morts, il a donné accès à la vie éternelle ; et par son ascension auprès de toi, notre Père, il a ouvert les portes du ciel. C'est pourquoi, avec la multitude des anges et des saints, nous chantons l'hymne de ta gloire et sans fin nous proclamons : ***Saint ! Saint ! Saint...***

1re préface de la Vierge Marie

La maternité de la bienheureuse Vierge Marie

Vraiment, il est juste et bon, pour ta gloire et notre salut, de t'offrir notre action de grâce, toujours et en tout lieu, Seigneur, Père très saint, Dieu éternel et tout-puissant. En ce jour où nous célébrons la *(nommer la fête)* de la bienheureuse Vierge Marie : … • où nous célébrons la mémoire de la bienheureuse Vierge Marie : … • où nous honorons la bienheureuse Vierge Marie : … nous voulons te chanter, te bénir et te glorifier. Car elle a conçu ton Fils unique lorsque le Saint-Esprit la couvrit de son ombre, et, gardant pour toujours la gloire de sa virginité, elle a donné au monde la lumière éternelle, Jésus, le Christ, notre Seigneur. Par lui, les anges célèbrent ta grandeur, et les esprits bienheureux adorent ta gloire ; par lui s'inclinent devant toi les puissances d'en haut et tressaillent d'une même allégresse les innombrables créatures des cieux. À leur hymne de louange, laisse-nous joindre nos voix pour chanter et proclamer : ***Saint ! Saint ! Saint…***

Préface des saints pasteurs

La présence des saints pasteurs dans l'Église

Vraiment, il est juste et bon, pour ta gloire et notre salut, de t'offrir notre action de grâce, toujours et en tout lieu, Seigneur, Père très saint, Dieu éternel et tout-puissant, par le Christ, notre Seigneur. Tu donnes à ton Église de se réjouir en la fête de saint (des saints) N. : par l'exemple qu'il a (qu'ils ont) donné, tu nous encourages, par son (leur) enseignement, tu nous éclaires, à sa (leur) prière, tu veilles sur nous. C'est pourquoi, avec la multitude des anges et des saints, nous chantons l'hymne de ta gloire et sans fin nous proclamons : ***Saint ! Saint ! Saint…***

1re préface des saints martyrs

Signification et valeur exemplaire du martyre

Vraiment, il est juste et bon, pour ta gloire et notre salut, de t'offrir notre action de grâce, toujours et en tout lieu, Seigneur, Père très saint,

Dieu éternel et tout-puissant. Nous reconnaissons un signe éclatant de ta grâce dans le martyre de saint (de sainte, des saints, des saintes) N. ; en répandant son (leur) propre sang comme le Christ, il a (elle a, ils ont, elles ont) glorifié ton nom. C'est ta puissance qui se déploie dans la faiblesse quand tu donnes à des êtres fragiles de te rendre témoignage par le Christ, notre Seigneur. C'est pourquoi, avec les puissances des cieux, nous pouvons te bénir sur la terre et t'adorer sans fin en proclamant : ***Saint ! Saint ! Saint...***

1re préface des saints

La gloire des saints

Vraiment, il est juste et bon, pour ta gloire et notre salut, de t'offrir notre action de grâce, toujours et en tout lieu, Seigneur, Père très saint, Dieu éternel et tout-puissant. Car tu es glorifié dans l'assemblée des saints : lorsque tu couronnes leurs mérites, tu couronnes tes propres dons. Dans leur vie, tu nous procures un modèle, dans la communion avec eux, une famille, et dans leur intercession, un appui ; afin que, soutenus par de si nombreux témoins, nous courions jusqu'au bout l'épreuve qui nous est proposée et recevions avec eux l'impérissable couronne de gloire, par le Christ, notre Seigneur. C'est pourquoi, avec les anges et les archanges, avec la foule immense des saints, nous chantons l'hymne de ta gloire et sans fin nous proclamons : ***Saint ! Saint ! Saint...***

Pour l'unité des chrétiens

L'unité du Corps du Christ, qu'est l'Église

Vraiment, il est juste et bon, pour ta gloire et notre salut, de t'offrir notre action de grâce, toujours et en tout lieu, Seigneur, Père très saint, Dieu éternel et tout-puissant, par le Christ, notre Seigneur. Par lui, tu nous conduis à la connaissance de ta vérité, pour que nous devenions son corps, unis dans une seule foi et un seul baptême. Par lui, tu répands ton Esprit Saint sur toutes les nations, l'Esprit qui fait une œuvre merveilleuse par la diversité de ses dons et réalise ainsi l'unité : il habite le cœur de tes enfants d'adoption, il remplit l'Église tout entière et ne cesse de la guider. C'est pourquoi, unissant nos voix à celles des anges, nous te louons dans la joie en proclamant : ***Saint ! Saint ! Saint…***

2e préface commune

Le salut par le Christ

Vraiment, il est juste et bon, pour ta gloire et notre salut, de t'offrir notre action de grâce, toujours et en tout lieu, Seigneur, Père très saint, Dieu éternel et tout-puissant. Dans ta bonté, tu as créé l'homme ; et, comme il avait mérité la condamnation, tu l'as racheté dans ta miséricorde, par le Christ, notre Seigneur. Par lui, les anges célèbrent ta grandeur, et les esprits bienheureux adorent ta gloire ; par lui s'inclinent devant toi les puissances d'en haut, et tressaillent d'une même allégresse les innombrables créatures des cieux. À leur hymne de louange, laisse-nous joindre nos voix pour chanter et proclamer : ***Saint ! Saint ! Saint…***

3e préface commune

Louange à Dieu pour la création et la régénération de l'homme

Vraiment, il est juste et bon, pour ta gloire et notre salut, de t'offrir notre action de grâce, toujours et en tout lieu, Seigneur, Père très saint, Dieu éternel et tout-puissant. C'est par ton Fils bien-aimé que tu as formé le genre humain ; et c'est encore par lui que, dans ta grande bonté, tu le renouvelles. Voilà pourquoi toutes les créatures te servent, le peuple que tu as racheté célèbre ta louange, les saints te bénissent d'un seul cœur. Et déjà nous pouvons te louer avec tous les anges, et, dans la joie, nous ne cessons de proclamer :

Saint ! Saint ! Saint, le Seigneur,
Dieu de l'univers !
Le ciel et la terre
sont remplis de ta gloire.
Hosanna au plus haut des cieux.
Béni soit celui qui vient
au nom du Seigneur.
Hosanna au plus haut des cieux.

Sanctus, Sanctus, Sanctus
Dominus Deus Sabaoth.
Pleni sunt cœli et terra gloria tua.
Hosanna in excelsis.
Benedictus qui venit in nomine
Domini. Hosanna in excelsis.

• *Prière eucharistique **1***
« Toi, Père très aimant... » .... *p. 242*
• *Prière eucharistique **2***
« Toi qui es vraiment saint... » .... *p. 246*
• *Prière eucharistique **3***
« Tu es vraiment saint... » .... *p. 249*
• *Prière eucharistique **4***
« Père très saint... » .... *p. 253*

Prière eucharistique n° 1

(Préfaces : p. 235)

Toi, Père très aimant, nous te prions et te supplions par Jésus Christ, ton Fils, notre Seigneur, d'accepter et de bénir + ces dons, ces offrandes, sacrifice pur et saint, que nous te présentons avant tout pour ta sainte Église catholique : accorde-lui la paix et protège-la, daigne la rassembler dans l'unité et la gouverner par toute la terre ; nous les présentons en union avec ton serviteur notre pape N., notre évêque N., et tous ceux qui gardent fidèlement la foi catholique reçue des Apôtres.

Souviens-toi, Seigneur, de tes serviteurs et de tes servantes (de N. et de N.), et de tous ceux qui sont ici réunis, dont tu connais la foi et l'attachement. Nous t'offrons pour eux, ou ils t'offrent pour eux-mêmes et tous les leurs ce sacrifice de louange, pour leur propre rédemption, pour la paix, et le salut qu'ils espèrent ; ils te rendent cet hommage, à toi, Dieu éternel, vivant et vrai.

(1) **En semaine :**

• Unis dans une même communion, vénérant d'abord la mémoire de la bienheureuse Marie toujours vierge, Mère de notre Dieu et Seigneur, Jésus Christ, •••

(2) **Le dimanche :**

• Unis dans une même communion, nous célébrons le jour où le Christ est ressuscité d'entre les morts ; et vénérant d'abord la mémoire de la bienheureuse Marie toujours vierge, Mère de notre Dieu et Seigneur, Jésus Christ, •••

(3) **Le 1er janvier :**

• Unis dans une même communion, nous célébrons le jour très saint où Marie, dans la gloire de sa virginité, enfanta le Sauveur du monde ; et vénérant d'abord la mémoire de cette Vierge bienheureuse, la Mère de notre Dieu et Seigneur, Jésus Christ, •••

(4) **Pour l'Épiphanie :**

• Unis dans une même communion, nous célébrons le jour très saint où ton Fils unique qui partage éternellement ta propre gloire s'est manifesté à nos yeux dans un vrai corps pris de notre chair ; et vénérant d'abord la mémoire de la bienheureuse Marie toujours Vierge, Mère de notre Dieu et Seigneur, Jésus Christ, •••

••• et celle de saint Joseph, son époux, des bienheureux Apôtres et martyrs Pierre et Paul, André, [Jacques et Jean, Thomas, Jacques et Philippe, Barthélemy et Matthieu, Simon et Jude, Lin, Clet, Clément, Sixte, Corneille et Cyprien, Laurent, Chrysogone, Jean et Paul, Côme et Damien,] et de tous les saints, nous t'en supplions : accorde-nous, par leur prière et leurs mérites, d'être toujours et partout, forts de ton secours et de ta protection. [Par le Christ, notre Seigneur. Amen.]

Voici donc l'offrande que nous présentons devant toi, nous, tes serviteurs, et ta famille entière : Seigneur, dans ta bienveillance, accepte-la. Assure toi-même la paix de notre vie, arrache-nous à la damnation éternelle et veuille nous admettre au nombre de tes élus. [Par le Christ, notre Seigneur. Amen.]

Seigneur Dieu, nous t'en prions, daigne bénir et accueillir cette offrande, accepte-la pleinement, rends-la parfaite et digne de toi : qu'elle devienne pour nous le corps et le sang de ton Fils bien-aimé, Jésus, le Christ, notre Seigneur.
La veille de sa passion, il prit le pain dans ses mains très saintes et, les yeux levés au ciel, vers toi, Dieu, son Père tout-puissant, en te rendant grâce il dit la bénédiction, il rompit le pain,

et le donna à ses disciples, en disant : « **Prenez, et mangez-en tous :** ceci est mon corps livré pour vous. »
De même, après le repas, il prit cette coupe incomparable dans ses mains très saintes ; et, te rendant grâce à nouveau, il dit la bénédiction, et donna la coupe à ses disciples, en disant : « **Prenez, et buvez-en tous,** car ceci est la coupe de mon sang, le sang de l'Alliance nouvelle et éternelle, qui sera versé pour vous et pour la multitude en rémission des péchés. Vous ferez cela en mémoire de moi. »

(1) Il est grand, le mystère de la foi :
— Nous annonçons ta mort, Seigneur Jésus, nous proclamons ta résurrection, nous attendons ta venue dans la gloire.
(2) Acclamons le mystère de la foi :
— Quand nous mangeons ce pain et buvons à cette coupe, nous annonçons ta mort, Seigneur ressuscité, et nous attendons que tu viennes.
(3) Qu'il soit loué, le mystère de la foi :
— Sauveur du monde, sauve-nous ! Par ta croix et ta résurrection, tu nous as libérés.
ou : Proclamons le mystère de la foi :
— Gloire à toi qui étais mort, gloire à toi qui es vivant, notre Sauveur et notre Dieu : viens, Seigneur Jésus !

Mysterium fidei.
(1) – Mortem tuam annuntiamus, Domine, et tuam resurrectionem confitemur, donec venias.
(2) – Quotiescumque manducamus panem hunc et calicem bibimus, mortem tuam annuntiamus, Domine, donec venias.
(3) – Salvator mundi, salva nos, qui per crucem et resurrectionem tuam liberasti nos.

Voilà pourquoi nous, tes serviteurs, et ton peuple saint avec nous, faisant mémoire de la passion bienheureuse de ton Fils, Jésus, le Christ, notre Seigneur, de sa résurrection du séjour des morts et de sa glorieuse ascension dans le ciel, nous te présentons, Dieu de gloire et de majesté, cette offrande prélevée sur les biens que tu nous donnes, le sacrifice pur et saint, le sacrifice parfait, pain de la vie éternelle et coupe du salut. Et comme il t'a plu d'accueillir les présents de ton serviteur Abel le Juste, le sacrifice d'Abraham, notre père dans la foi, et celui que t'offrit Melkisédek, ton grand prêtre, oblation sainte et immaculée, regarde ces offrandes avec amour et, dans ta bienveillance, accepte-les. Nous t'en supplions, Dieu tout-puissant : qu'elles soient portées par les mains de ton saint Ange en présence de ta gloire, sur ton autel céleste, afin qu'en recevant ici, par notre communion à l'autel, le corps et le sang très saints de ton Fils, nous soyons comblés de la grâce et de toute bénédiction du ciel. [Par le Christ, notre Seigneur. Amen.]

Souviens-toi aussi, Seigneur, de tes serviteurs et de tes servantes (de N. et N.) qui nous ont précédés, marqués du signe de la foi, et qui dorment dans la paix. Pour eux et pour tous ceux qui reposent dans le Christ, nous implorons ta bonté, Seigneur : qu'ils demeurent dans la joie, la lumière et la paix. [Par le Christ, notre Seigneur. Amen.]

Et nous pécheurs, tes serviteurs, qui mettons notre espérance en ta miséricorde inépuisable, admets-nous dans la communauté des saints Apôtres et martyrs, avec Jean Baptiste, Étienne, Matthias et Barnabé, [Ignace, Alexandre, Marcellin et Pierre, Félicité et Perpétue, Agathe, Lucie, Agnès, Cécile, Anastasie,] et tous les saints ; nous t'en prions, accueille-nous dans leur compagnie, sans nous juger sur le mérite mais en accordant largement ton pardon. Par le Christ, notre Seigneur. Par lui, tu ne cesses de créer tous ces biens, tu les sanctifies, leur donnes la vie, les bénis, et nous en fais le don.

Par lui, avec lui et en lui, à toi, Dieu le Père tout-puissant, dans l'unité du Saint-Esprit, tout honneur et toute gloire, pour les siècles des siècles.

— Amen.

Vient ensuite le rite de la communion, p. 256.

Prière eucharistique n° 2

(On peut aussi choisir une autre préface.)

Vraiment, Père très saint, il est juste et bon, pour ta gloire et notre salut, de t'offrir notre action de grâce, toujours et en tout lieu, par ton Fils bien-aimé, Jésus, le Christ : il est ta parole par qui tu as créé toutes choses ; c'est lui que tu nous as envoyé comme Rédempteur et Sauveur, Dieu fait homme, conçu de l'Esprit Saint, né de la Vierge Marie. Pour accomplir jusqu'au bout ta volonté et rassembler un peuple saint qui t'appartienne, il étendit les mains à l'heure de sa passion, afin de briser la mort, et de manifester la résurrection. C'est pourquoi, avec les anges et tous les saints, nous chantons ta gloire, et d'une seule voix nous proclamons :

Saint ! Saint ! Saint, le Seigneur, Dieu de l'univers ! Le ciel et la terre sont remplis de ta gloire. Hosanna au plus haut des cieux. Béni soit celui qui vient au nom du Seigneur.
Hosanna au plus haut des cieux.

(Voir p. 241 pour la version latine.)

(1) En semaine :

• Toi qui es vraiment saint, toi qui es la source de toute sainteté, Seigneur, nous te prions : •••

(2) **Le dimanche :**

• Toi qui es vraiment saint, toi qui es la source de toute sainteté, Dieu notre Père, nous voici rassemblés devant toi, et, dans la communion de toute l'Église, nous célébrons le jour où le Christ est ressuscité d'entre les morts. Par lui que tu as élevé à ta droite, nous te prions : •••

(3) **Le 1er janvier :**

• Toi qui es vraiment saint, toi qui es la source de toute sainteté, Dieu notre Père, nous voici rassemblés devant toi, et, dans la communion de toute l'Église, nous célébrons le jour très saint où Marie, dans la gloire de sa virginité, enfanta le Sauveur du monde. Par lui, notre Rédempteur et notre Seigneur, nous te prions : •••

(4) **Pour l'Épiphanie :**

• Toi qui es vraiment saint, toi qui es la source de toute sainteté, Dieu notre Père, nous voici rassemblés devant toi, et, dans la communion de toute l'Église, nous célébrons le jour très saint où ton Fils unique qui partage éternellement ta propre gloire s'est manifesté à nos yeux dans un vrai corps pris de notre chair. Par lui, notre Rédempteur et notre Sauveur, nous te prions : •••

••• Sanctifie ces offrandes en répandant sur elles ton Esprit ; qu'elles deviennent pour nous le corps et ✠ le sang de Jésus, le Christ, notre Seigneur.

Au moment d'être livré et d'entrer librement dans sa passion, il prit le pain, il rendit grâce, il le rompit et le donna à ses disciples, en disant : « **Prenez, et mangez-en tous** : ceci est mon corps livré pour vous. »
De même, après le repas, il prit la coupe ; de nouveau il rendit grâce, et la donna à ses disciples, en disant : « **Prenez, et buvez-en tous**, car ceci

est la coupe de mon sang, le sang de l'Alliance nouvelle et éternelle, qui sera versé pour vous et pour la multitude en rémission des péchés. Vous ferez cela en mémoire de moi. »

(1) Il est grand, le mystère de la foi :
— Nous annonçons ta mort, Seigneur Jésus, nous proclamons ta résurrection, nous attendons ta venue dans la gloire.
(2) Acclamons le mystère de la foi :
— Quand nous mangeons ce pain et buvons à cette coupe, nous annonçons ta mort, Seigneur ressuscité,
et nous attendons que tu viennes.
(3) Qu'il soit loué, le mystère de la foi :
— Sauveur du monde, sauve-nous !
Par ta croix et ta résurrection,
tu nous as libérés.
ou Proclamons le mystère de la foi :
— Gloire à toi qui étais mort, gloire à toi qui es vivant, notre Sauveur et notre Dieu : viens, Seigneur Jésus !
(Voir p. 244 pour la version latine.)

En faisant ainsi mémoire de la mort et de la résurrection de ton Fils, nous t'offrons, Seigneur, le pain de la vie et la coupe du salut, et nous te rendons grâce, car tu nous as estimés dignes de nous tenir devant toi pour te servir. Humblement, nous te demandons qu'en ayant part au corps et au sang du Christ, nous soyons rassemblés par l'Esprit Saint en un seul corps.

Souviens-toi, Seigneur, de ton Église répandue à travers le monde : fais-la grandir dans ta charité en union avec notre pape N., notre évêque N., et tous les évêques, les prêtres et les diacres.

Souviens-toi aussi de nos frères et sœurs qui se sont endormis dans l'espérance de la résurrection, et souviens-toi, dans ta miséricorde, de tous les défunts : accueille-les dans la lumière de ton visage.

Sur nous tous enfin, nous implorons ta bonté : permets qu'avec la Vierge Marie, la bienheureuse Mère de Dieu, avec saint Joseph, son époux, les Apôtres et tous les saints qui ont fait ta joie au long des âges, nous ayons part à la vie éternelle et que nous chantions ta louange et ta gloire, par ton Fils Jésus, le Christ.

Prière eucharistique nº 3

(Préfaces : p. 235)

Tu es vraiment saint, Dieu de l'univers, et il est juste que toute la création proclame ta louange, car c'est toi qui donnes la vie, c'est toi qui sanctifies toutes choses, par ton Fils, Jésus Christ, notre Seigneur, avec la puissance de l'Esprit Saint ; et tu ne cesses de rassembler ton peuple, afin que, du levant au couchant du soleil, une offrande pure soit présentée à ton nom.

Par lui, avec lui et en lui, à toi, Dieu le Père tout-puissant, dans l'unité du Saint-Esprit, tout honneur et toute gloire, pour les siècles des siècles.
— *Amen.*

Vient ensuite le rite de la communion, p. 256.

(1) En semaine :

• C'est pourquoi nous te supplions, Seigneur, de consacrer toi-même les offrandes que nous apportons : •••

(2) Le dimanche :

• C'est pourquoi nous voici rassemblés devant toi, Dieu notre Père, et, dans la communion de toute l'Église, nous célébrons le jour où le Christ est ressuscité d'entre les morts. Par lui, que tu as élevé à ta droite, nous te supplions de consacrer toi-même les offrandes que nous apportons : •••

(3) **Le 1er janvier :**

• C'est pourquoi nous voici rassemblés devant toi, Dieu notre Père, et, dans la communion de toute l'Église, nous célébrons le jour très saint où Marie, dans la gloire de sa virginité, enfanta le Sauveur du monde. Par lui, notre Rédempteur et notre Seigneur, nous te supplions de consacrer toi-même les offrandes que nous apportons : •••

(4) **Pour l'Épiphanie :**

• C'est pourquoi nous voici rassemblés devant toi, Dieu notre Père, et, dans la communion de toute l'Église, nous célébrons le jour très saint où ton Fils unique qui partage éternellement ta propre gloire s'est manifesté à nos yeux dans un vrai corps pris de notre chair. Par lui, notre Rédempteur et notre Sauveur, nous te supplions de consacrer toi-même les offrandes que nous apportons : •••

••• Sanctifie-les par ton Esprit pour qu'elles deviennent le corps ✠ et le sang de ton Fils, Jésus Christ, notre Seigneur, qui nous a dit de célébrer ce mystère.

La nuit même où il fut livré, il prit le pain, en te rendant grâce il dit la bénédiction, il rompit le pain, et le donna à ses disciples, en disant : « **Prenez, et mangez-en tous** : ceci est mon corps livré pour vous. »
De même, après le repas, il prit la coupe ; en te rendant grâce il dit la bénédiction, et donna la coupe à ses disciples, en disant :
« **Prenez, et buvez-en tous**, car ceci est la coupe de mon sang, le sang de l'Alliance nouvelle et éternelle, qui sera versé pour vous et pour la multitude en rémission des péchés. Vous ferez cela en mémoire de moi. »

(1) Il est grand, le mystère de la foi :
— Nous annonçons ta mort, Seigneur Jésus, nous proclamons ta résurrection, nous attendons ta venue dans la gloire.
(2) Acclamons le mystère de la foi :
— Quand nous mangeons ce pain et buvons à cette coupe, nous annonçons ta mort, Seigneur ressuscité, et nous attendons que tu viennes.
(3) Qu'il soit loué, le mystère de la foi :
— Sauveur du monde, sauve-nous ! Par ta croix et ta résurrection, tu nous as libérés.
ou : Proclamons le mystère de la foi :
— Gloire à toi qui étais mort, gloire à toi qui es vivant, notre Sauveur et notre Dieu : viens, Seigneur Jésus !
(Voir p. 244 pour la version latine.)

En faisant ainsi mémoire de ton Fils, de sa passion qui nous sauve, de sa glorieuse résurrection et de son ascension dans le ciel, alors que nous attendons son dernier avènement, nous t'offrons, Seigneur, en action de grâce, ce sacrifice vivant et saint. Regarde, nous t'en prions, l'oblation de ton Église, et daigne y reconnaître ton Fils qui, selon ta volonté, s'est offert en sacrifice pour nous réconcilier avec toi. Quand nous serons nourris de son corps et de son sang, et remplis de l'Esprit Saint, accorde-nous d'être un seul corps et un seul esprit dans le Christ.

Que l'Esprit Saint fasse de nous une éternelle offrande à ta gloire, pour que nous obtenions un jour l'héritage promis, avec tes élus : en premier lieu la bienheureuse Vierge Marie, Mère de Dieu, avec saint Joseph, son époux, les bienheureux Apôtres, les glorieux martyrs, (saint N.) et tous les saints, qui ne cessent d'intercéder auprès de toi et nous assurent de ton secours.

Et maintenant nous te supplions, Seigneur : par le sacrifice qui nous réconcilie avec toi, étends au monde entier le salut et la paix. Affermis ton Église, en pèlerinage sur la terre, dans la foi et la charité, en union avec ton serviteur notre pape **N.,** et notre évêque **N.,** l'ensemble des évêques, les prêtres, les diacres, et tout le peuple que tu as racheté. Écoute, en ta bonté, les prières de ta famille, que tu as voulu rassembler devant toi. Dans ta miséricorde, ramène à toi, Père très aimant, tous tes enfants dispersés.

Pour nos frères et sœurs défunts, et pour tous ceux qui ont quitté ce monde et trouvent grâce devant toi, nous te prions : en ta bienveillance, accueille-les dans ton Royaume, où nous espérons être comblés de ta gloire, tous ensemble et pour l'éternité, par le Christ, notre Seigneur, par qui tu donnes au monde toute grâce et tout bien.

Par lui, avec lui et en lui, à toi, Dieu le Père tout-puissant, dans l'unité du Saint-Esprit, tout honneur et toute gloire, pour les siècles des siècles.

— Amen.

Vient ensuite le rite de la communion, p. 256.

Prière eucharistique nº 4

Vraiment, il est bon de te rendre grâce, il est juste et bon de te glorifier, Père très saint, car tu es le seul Dieu, le Dieu vivant et vrai : toi qui es avant tous les siècles, tu demeures éternellement, lumière au-delà de toute lumière. Toi, le Dieu de bonté, la source de la vie, tu as fait le monde pour que toute créature soit comblée de tes bénédictions, et que beaucoup se réjouissent de l'éclat de ta lumière. Ainsi, la foule innombrable des anges qui te servent jour et nuit se tiennent devant toi, et, contemplant la splendeur de ta face, n'interrompent jamais leur louange. Unis à leur hymne d'allégresse, avec la création tout entière qui t'acclame par nos voix, Dieu, nous te chantons (louons) :

Saint ! Saint ! Saint, le Seigneur,
Dieu de l'univers !
Le ciel et la terre sont remplis
de ta gloire. Hosanna au plus haut
des cieux. Béni soit celui qui vient
au nom du Seigneur. Hosanna
au plus haut des cieux.

(Voir p. 241 pour la version latine.)

Père très saint, nous proclamons que tu es grand et que tu as fait toutes choses avec sagesse et par amour : tu as créé l'homme à ton image et tu lui as confié l'univers, afin qu'en te servant, toi seul, son Créateur, il règne sur la création. Comme il avait perdu ton amitié par sa désobéissance, tu ne l'as pas abandonné au pouvoir de la mort. Dans ta miséricorde, tu es venu en aide à tous les hommes pour qu'ils te cherchent et puissent te trouver. Tu as multiplié les alliances avec eux, et tu les as formés, par les prophètes, dans l'espérance du salut. Tu as tellement aimé le monde, Père très saint, que tu nous as envoyé ton Fils unique, lorsque les temps furent accomplis, pour qu'il soit notre Sauveur. Dieu fait homme, conçu de l'Esprit Saint, né de la Vierge Marie, il a vécu notre condition humaine en toute chose, excepté le péché, annonçant aux pauvres la bonne nouvelle du salut ; aux captifs, la délivrance ; aux affligés, la joie. Pour accomplir le dessein de ton amour, il s'est livré lui-même à la mort, et, par sa résurrection, il a détruit la mort et renouvelé la vie. Afin que désormais notre vie ne soit plus à nous-mêmes, mais à lui qui est mort et ressuscité pour nous, il a envoyé d'auprès de toi, Père, comme premier don fait aux croyants, l'Esprit Saint qui continue son œuvre dans le monde et achève toute sanctification.

Prière eucharistique n° 4

Que ce même Esprit Saint, nous t'en prions, Seigneur, sanctifie ces offrandes : qu'elles deviennent ainsi le corps ✝ et le sang de notre Seigneur Jésus, le Christ, dans la célébration de ce grand mystère, que lui-même nous a laissé en signe de l'Alliance éternelle.

Quand l'heure fut venue où tu allais le glorifier, Père très saint, comme il avait aimé les siens qui étaient dans le monde, il les aima jusqu'au bout : pendant le repas qu'il partageait avec eux, il prit le pain, dit la bénédiction, le rompit et le donna à ses disciples, en disant : « **Prenez, et mangez-en tous** : ceci est mon corps livré pour vous. » De même, il prit la coupe remplie de vin, il rendit grâce, et la donna à ses disciples, en disant : « **Prenez, et buvez-en tous**, car ceci est la coupe de mon sang, le sang de l'Alliance nouvelle et éternelle, qui sera versé pour vous et pour la multitude en rémission des péchés. Vous ferez cela en mémoire de moi. »

(1) Il est grand, le mystère de la foi :
— Nous annonçons ta mort, Seigneur Jésus, nous proclamons ta résurrection, nous attendons ta venue dans la gloire.

(2) Acclamons le mystère de la foi :
— Quand nous mangeons ce pain et buvons à cette coupe, nous annonçons ta mort, Seigneur ressuscité, et nous attendons que tu viennes.

(3) Qu'il soit loué, le mystère de la foi :
— Sauveur du monde, sauve-nous ! Par ta croix et ta résurrection, tu nous as libérés.

ou : Proclamons le mystère de la foi :
— Gloire à toi qui étais mort, gloire à toi qui es vivant, notre Sauveur et notre Dieu : viens, Seigneur Jésus !

(Voir p. 244 pour la version latine.)

Voilà pourquoi, Seigneur, nous célébrons aujourd'hui le mémorial de notre rédemption : en rappelant la mort du Christ et sa descente au séjour des morts, en proclamant sa résurrection et son ascension à ta droite, en attendant sa venue dans la gloire, nous t'offrons son corps et son sang, le sacrifice qui est digne de toi et qui sauve le monde entier. Regarde, Seigneur, celui qui s'offre dans le sacrifice que toi-même as préparé pour ton Église, et, dans ta bonté, accorde à tous ceux qui vont partager ce pain et boire à cette coupe d'être rassemblés par l'Esprit Saint en un seul corps, pour qu'ils deviennent eux-mêmes dans le Christ une vivante offrande à la louange de ta gloire.

Et maintenant, Seigneur, rappelle-toi tous ceux pour qui nous offrons le sacrifice : en premier lieu, ton serviteur notre pape N., notre évêque N., et l'ensemble des évêques, les prêtres et les diacres, les fidèles qui présentent cette offrande, les membres de notre assemblée, le peuple entier qui t'appartient, et tous ceux qui te cherchent avec droiture.

Souviens-toi aussi de ceux qui sont morts dans la paix du Christ, et de tous les défunts dont toi seul connais la foi.

À nous qui sommes tes enfants, accorde, Père très bon, l'héritage de la vie éternelle auprès de la Vierge Marie, la bienheureuse Mère de Dieu, auprès de saint Joseph, son époux, des Apôtres et de tous les saints, dans ton Royaume. Nous pourrons alors, avec la création tout entière, enfin libérée de la corruption du péché et de la mort, te glorifier par le Christ, notre Seigneur, par qui tu donnes au monde toute grâce et tout bien.

Par lui, avec lui et en lui, à toi, Dieu le Père tout-puissant, dans l'unité du Saint-Esprit, tout honneur et toute gloire, pour les siècles des siècles.
— *Amen.*

Vient ensuite le rite de la communion, p. 256.

RITE DE LA COMMUNION

Notre Père

(1) Comme nous l'avons appris du Sauveur, et selon son commandement, nous osons dire :
(2) Unis dans le même Esprit, nous pouvons dire avec confiance la prière que nous avons reçue du Sauveur :

Notre Père qui es aux cieux, que ton nom soit sanctifié,
que ton règne vienne, que ta volonté soit faite sur la terre comme au ciel.
Donne-nous aujourd'hui notre pain de ce jour. Pardonne-nous nos offenses,
comme nous pardonnons aussi à ceux qui nous ont offensés.
Et ne nous laisse pas entrer en tentation, mais délivre-nous du Mal.

(3) Præceptis salutaribus moniti, et divina institutione formati, audemus dicere : Pater noster, qui es in cælis : sanctificetur nomen tuum ; adveniat regnum tuum ; fiat voluntas tua, sicut in cælo, et in terra. Panem nostrum cotidianum da nobis hodie ; et dimitte nobis debita nostra, sicut et nos dimittimus debitoribus nostris ; et ne nos inducas in tentationem ; sed libera nos a malo.

Délivre-nous de tout mal, Seigneur, et donne la paix à notre temps : soutenus par ta miséricorde, nous serons libérés de tout péché, à l'abri de toute épreuve, nous qui attendons que se réalise cette bienheureuse espérance : l'avènement de Jésus Christ, notre Sauveur.
— Car c'est à toi qu'appartiennent le règne,
la puissance et la gloire pour les siècles des siècles !

Échange de la paix

Seigneur Jésus Christ, tu as dit à tes Apôtres : « Je vous laisse la paix, je vous donne ma paix » ; ne regarde pas nos péchés mais la foi de ton Église ; pour que ta volonté s'accomplisse, donne-lui toujours cette paix, et conduis-la vers l'unité parfaite, toi qui vis et règnes pour les siècles des siècles. ***–Amen.***
Que la paix du Seigneur soit toujours avec vous. ***–Et avec votre esprit.***
Dans la charité du Christ, donnez-vous la paix.

Fraction du pain

Que le corps et le sang de notre Seigneur Jésus Christ,
réunis dans cette coupe, nourrissent en nous la vie éternelle.

Agneau de Dieu

Agneau de Dieu, qui enlèves les péchés du monde, prends pitié de nous. *(bis)*
Agneau de Dieu, qui enlèves les péchés du monde, donne-nous la paix.

Agnus Dei, qui tollis peccata mundi, miserere nobis. (bis)
Agnus Dei, qui tollis peccata mundi, dona nobis pacem.

Communion

(1) Seigneur Jésus Christ, Fils du Dieu vivant, selon la volonté du Père et avec la puissance du Saint-Esprit, tu as donné, par ta mort, la vie au monde ; que ton corps et ton sang très saints me délivrent de mes péchés et de tout mal ; fais que je demeure fidèle à tes commandements et que jamais je ne sois séparé de toi.

(2) Seigneur Jésus Christ, que cette communion à ton corps et à ton sang n'entraîne pour moi ni jugement ni condamnation ; mais que, par ta bonté, elle soutienne mon esprit et mon corps et me donne la guérison.

Voici l'Agneau de Dieu, voici celui qui enlève les péchés du monde.
Heureux les invités au repas des noces de l'Agneau !
– Seigneur, je ne suis pas digne de te recevoir ;
mais dis seulement une parole, et je serai guéri.

Chant de communion ou antienne de la communion.

Prière après la communion *voir à la date du jour.*

RITE DE CONCLUSION

Le Seigneur soit avec vous.
– Et avec votre esprit.
Que Dieu tout-puissant vous bénisse, le Père, et le Fils, ✠ et le Saint-Esprit.
– Amen.

Puis le diacre, ou le prêtre lui-même, les mains jointes, tourné vers l'assemblée, dit :
(1) Allez, dans la paix du Christ.
(2) Allez porter l'Évangile du Seigneur.
(3) Allez en paix, glorifiez le Seigneur par votre vie.
(4) Allez en paix.
– Nous rendons grâce à Dieu.

Chants pour la célébration

Les chants en rouge sont consultables à la page indiquée. **Les chants en noir** sont référencés avec leur cote SECLI.

	Ouverture	Renvoi	Communion / Action de grâce	Renvoi
7 jan.	L'Épiphanie du Dieu de gloire L'étoile s'est levée sur un enfant Debout, peuple de Dieu	p. 260 F46-47 A 40	Maintenant, ô Souverain Il est venu parmi les siens Le Seigneur est ma lumière et mon salut	Z74-22 FP41-24-1 DEV520
14 jan.	Écoute, ton Dieu t'appelle Si le Père vous appelle Il s'est manifesté	p. 262 0154-1 EDIT15-76	Maître, où est ta demeure ? Je vous ai choisis C'est toi, Seigneur, le pain rompu	EDIT22-09 p. 265 D293
21 jan.	Écoute la voix du Seigneur Parole de Dieu, parole de vie Que vive mon âme à te louer	p. 264 KT25-04 Éd. Emmanuel	Heureux, bienheureux Conduis-moi dans tes chemins En marchant vers toi, Seigneur	X589 p. 268 D380
28 jan.	Il est venu marcher Dieu nous accueille en sa maison Signes par milliers	M157-4 p. 264 TK226	Qui regarde vers Dieu Dans nos obscurités Venez, approchez-vous !	p. 267 Taizé EDIT16-28

Suggestions pour janvier 2024 proposées par Thibault Van Den Driessche, avec ChantonsenÉglise

L'Épiphanie du Dieu de gloire (Ouverture)

F289; T. : C. Bernard; M. : C. Tassin; Studio SM.

R. Sois lu-miè-re sur nos vi-sa-ges, Fils de Dieu, re-flet du Pè-re.

Sois lu-miè-re sur nos vi-sa-ges, sois lu-miè - re!

② Pour toi, l'enfant de Bethléem, que sont-ils donc, ces trésors apportés
comme aux princes de la terre ? Comme aux princes de la terre ?
Qu'ils te soient messagers de tous nos vœux de paix
et dis-nous qui tu es, toi, Jésus pauvreté,
l'Épiphanie du Dieu tendresse.

③ En toi, l'enfant de Bethléem, nous saluons le Messie descendu
aux collines sans lumière. Aux collines sans lumière !
Tu es bien ce roi nu dont les anciens parlaient,
promettant la venue d'un Sauveur sans beauté,
l'Épiphanie du Dieu sagesse.

④ Pour toi, l'enfant de Bethléem, nous retournons au pays très lointain
où l'amour est joie natale. Où l'amour est joie natale !
Montre-nous de ta main, quand nous cherchons le ciel,
quel est l'autre chemin, toi, le Fils premier-né,
l'Épiphanie du Dieu de Pâques.

Écoute, ton Dieu t'appelle (Ouverture)

A69-75 ; T. et M : J.-B. du Jonchay ; Carmélodie.

♩ = 88 *Allègre et sans traîner*

REFRAIN

COUPLETS *Joyeux, entraînant*

② Accueille le Christ, il est ton Sauveur,
la vie que le Père donne en abondance,
lui la vraie lumière,
la vérité qui rend libre :
sa parole vient réveiller ton cœur.

③ Quitte le cortège de l'indifférence,
laisse les sentiers de ton désespoir,
détourne les yeux
des mirages qui séduisent ;
tu as soif d'un amour vrai et pur.

Écoute la voix du Seigneur *(Ouverture)*

X548 ; T. : D. Rimaud ; M. : J. Berthier ; Studio SM.

① **Écoute la voix du Seigneur, prête l'oreille de ton cœur.**
Qui que tu sois ton Dieu t'appelle, qui que tu sois, il est ton Père.

Refrain : **Toi qui aimes la vie, ô toi qui veux le bonheur,**
réponds en fidèle ouvrier, de sa très douce volonté.
réponds en fidèle ouvrier, de l'Évangile et de sa paix.

② **Écoute la voix du Seigneur, prête l'oreille de ton cœur.**
Tu entendras que Dieu fait grâce, tu entendras l'esprit d'audace.

③ **Écoute la voix du Seigneur, prête l'oreille de ton cœur.**
Tu entendras crier les pauvres, tu entendras gémir ce monde.

④ **Écoute la voix du Seigneur, prête l'oreille de ton cœur.**
Tu entendras grandir l'Église, tu entendras sa paix promise.

⑤ **Écoute la voix du Seigneur, prête l'oreille de ton cœur.**
Qui que tu sois fais-toi violence, qui que tu sois, rejoins ton frère.

Dieu nous accueille en sa maison *(Ouverture)*

A174 ; T. : J.-P. Lécot ; M. : J.-P. Lécot, G.-P. Palestrina (XVIe siècle) ; Zech.

Refrain : **Dieu nous accueille en sa maison, Dieu nous invite à son festin :**
jour d'allégresse et jour de joie ! Alléluia !

① **Criez de joie pour notre Dieu,**
chantez pour lui, car il est bon, car éternel est son amour.

② Avec Jésus, nous étions morts ;
avec Jésus, nous revivrons, nous avons part à sa clarté.

③ « Si tu savais le don de Dieu »,
si tu croyais en son amour, tu n'aurais plus de peur en toi.

Je vous ai choisis *(Action de grâce)*

DEV44-63 ; T. et M. : Chants de l'Emmanuel ; Éd. de l'Emmanuel.

① Je vous ai choisis, je vous ai établis
pour que vous alliez et viviez de ma vie.
Demeurez en moi, vous porterez du fruit,
je fais de vous mes frères et mes amis.

② Contemplez mes mains et mon cœur transpercés,
accueillez la vie que l'Amour veut donner.
Ayez foi en moi, je suis ressuscité,
et bientôt dans la gloire, vous me verrez.

③ Recevez l'Esprit de puissance et de paix,
soyez mes témoins, pour vous j'ai tout donné.
Perdez votre vie, livrez-vous sans compter,
vous serez mes disciples, mes bien-aimés !

④ Consolez mon peuple, je suis son berger.
Donnez-lui la joie dont je vous ai comblés.
Ayez pour vos frères la tendresse du Père,
demeurez près de moi, alors vous vivrez !

Debout, resplendis *(Ouverture)*

K230 / KX230; T. et M. : J. Morin; L'Emmanuel.

Refrain : **Jérusalem, Jérusalem, quitte ta robe de tristesse !**
Jérusalem, Jérusalem, chante et danse pour ton Dieu !

① **Debout, resplendis, car voici ta lumière,**
et sur toi la gloire du Seigneur. *(bis)*
Lève les yeux et regarde au loin,
que ton cœur tressaille d'allégresse.
Voici tes fils qui reviennent vers toi,
et tes filles portées sur la hanche.

② **Toutes les nations marcheront vers ta lumière,**
et les rois à ta clarté naissante. *(bis)*
De nombreux troupeaux de chameaux te couvriront,
les trésors des mers afflueront vers toi.
Ils viendront d'Epha, de Saba, de Qédar,
faisant monter vers Dieu la louange.

③ **Les fils d'étrangers rebâtiront tes remparts,**
et leurs rois passeront par tes portes. *(bis)*
Je ferai de toi un sujet de joie,
on t'appellera « ville du Seigneur » ;
les jours de ton deuil seront tous accomplis,
parmi les nations tu me glorifieras.

Qui regarde vers Dieu *(Action de grâce)*

T. : refrain Taizé et strophes AELF ; M. : Taizé ; Ateliers et presses de Taizé.

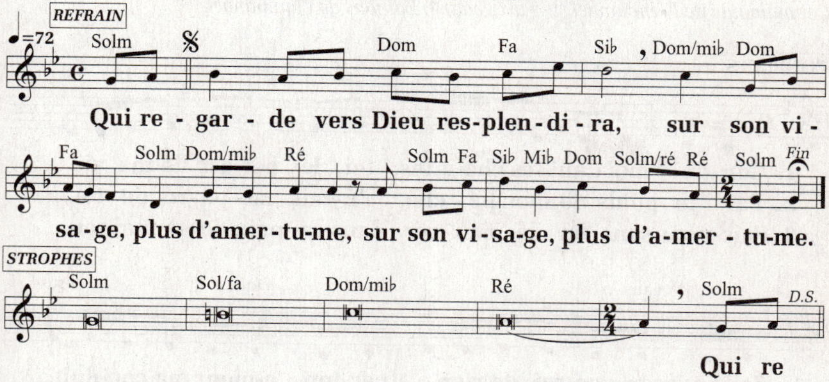

① Je bénirai le Seigneur en tout temps,
sa louange sans cesse à mes lèvres.
Je me glorifierai dans le Seigneur :
que les pauvres m'entendent
et soient en fête !

② Saints du Seigneur, adorez-le :
rien ne manque à ceux qui le craignent.
Des riches ont tout perdu, ils ont faim ;
qui cherche le Seigneur
ne manquera d'aucun bien.

③ Venez, mes fils, écoutez-moi,
que je vous enseigne la crainte
du Seigneur.
Qui donc aime la vie
et désire les jours
où il verra le bonheur ?

④ Garde ta langue du mal
et tes lèvres des paroles perfides.
Évite le mal, fais ce qui est bien,
poursuis la paix, recherche-la.

Conduis-moi dans tes chemins (Action de grâce)

Communauté de l'Emmanuel (L. Pavageau) © Éditions de l'Emmanuel

COUPLETS ♩ = 72

1. Con-duis-moi dans tes che-mins, toi, le ber-ger de ma vie._
2. Par le poids de mon pé - ché, j'é-tais sé - pa-ré de toi,_
3. Fais-nous sans fin de-meu-rer dans la paix de ta mai-son._

1. Je ne man-que-rai de rien,_ car ton a-mour me con-duit._
2. mais ta grâce a a-bon-dé,_ tu m'as li - bé - ré du mal._
3. Ray-on-nants de ta beau-té,_ nous a - do - re - rons ton Nom.

1. Dans la val-lée de la mort,_ tu de-meures au-près de moi._
2. Que la joie de ton sa - lut_ re-nou - vel - le mon es-prit._
3. Tous les anges et saints du ciel,_ ré - u - nis dans cet - te joie,_

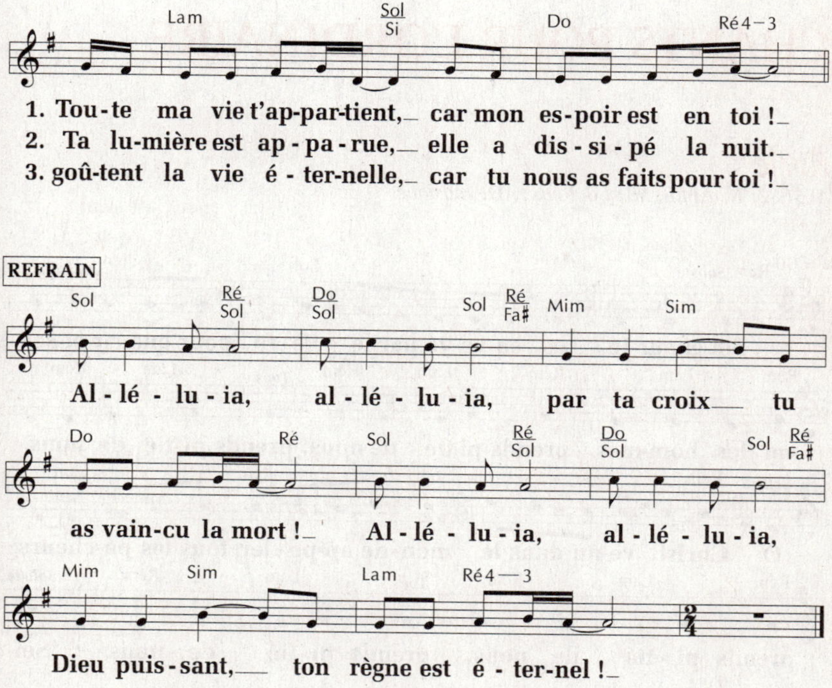
Lam Sol/Si Do Ré4–3
1. Tou-te ma vie t'ap-par-tient, car mon es-poir est en toi !
2. Ta lu-mière est ap-pa-rue, elle a dis-si-pé la nuit.
3. goû-tent la vie é-ter-nelle, car tu nous as faits pour toi !
REFRAIN
Sol Ré/Sol Do/Sol Sol Ré/Fa# Mim Sim
Al-lé-lu-ia, al-lé-lu-ia, par ta croix tu
Do Ré Sol Ré/Sol Do/Sol Sol Ré/Fa#
as vain-cu la mort ! Al-lé-lu-ia, al-lé-lu-ia,
Mim Sim Lam Ré4–3
Dieu puis-sant, ton règne est é-ter-nel !

CHANTS POUR L'ORDINAIRE

Kyrie

AL51-82 ; T. : AELF ; M. : J.-J. Roux ; ADF musique.

Gloria

AL51-82 ; T. : AELF ; M. : J.-J. Roux ; ADF musique.

Si♭ Fa Fa/la Do7 Rém Rém/do Si♭ Fa Do4 - 3
fions, nous te ren-dons grâ - ce, pour ton im - men-se gloi-re,
Fa Do Do♯dim Rém Lam/do Si♭ Do7
Sei-gneur Dieu, Roi du ciel, Dieu le Pè - re tout-puis -
Fa Fa/la Si♭ Do7 Rém Si♭6 La Rém
sant. Sei - gneur, Fils u - ni - que, Jé - sus Christ, Sei-gneur
Si♭9 Fa/do Do♯dim Rém Si♭4 Solm7 Do4 - 3
Dieu, A-gneau de Dieu, le Fils du Pè - re;
Rém Lam Rém Lam Rém Lam Rém
toi qui en - lè-ves les pé-chés du mon de, prends pi-tié de nous;
Fa Do Fa Do Fa Si♭6 Fa
toi qui en-lè-ves les pé-chés du mon-de, re-çois no-tre pri - è-re;

Rém Lam Si♭9 Lam9 Rém Solm7 Do7
toi qui es as-sis à la droi-te du Pè-re, prends pi-tié de nous.
Fa Si♭6 Do7/4 Do♯dim Rém Rém7 Si♭ Do♯dim
Car toi seul es saint, toi seul es Sei -
Rém Fa/la Si♭ Do Do♯dim7 Rém Rém6/do Solm7/si♭ La Fa
gneur, toi seul es le Très - Haut: Jé - sus Christ, a -
Si♭ Do♯dim Rém Lam Si♭ Do7 Fa Solm7/si♭ Do4 - 3
vec le Saint - Es - prit dans la gloi - re de Dieu le Pè-re.
Fa Do/mi Rém Lam7 Si♭ Fa/la Solm7 Rém Si♭ Fa
A - men! A - men! A - men! A - men! A - men!

LES RENDEZ-VOUS DE JANVIER 2024

SOMMAIRE

ÉDITORIAL

Nouer et renouer

Karem Bustica
Rédactrice en chef de Prions en Église

En ce début d'année, j'aimerais vous souhaiter deux choses. La première, d'apprendre à « faire des nœuds » comme nous y invite le frère dominicain François-Dominique dans sa chronique sur la prière du Rosaire. Oser nouer, d'une part, comme on nouait un mouchoir ou une serviette, pour ne pas oublier les merveilles que Dieu fait dans nos vies, ces dons dont il nous comble sans que nous ayons rien demandé. Et, d'autre part, s'appliquer à renouer les liens distendus, s'attacher à nos habitudes bienfaisantes et se relier à notre désir de laisser davantage de place à Dieu dans nos vies. Une année en macramé !

« Les matelots, qui jettent Jonas dans la mer, réinstaurent le prophète dans sa relation à Dieu. »

Deuxièmement, je vous souhaite d'avoir le courage de « demander de tomber dans la mer » comme le fit le prophète Jonas sur lequel revient pour nous sœur Anne Lécu. Les matelots, qui à bout de solutions jettent Jonas dans la mer, réinstaurent le prophète dans sa relation à Dieu. Quel courage ! Revenir vers Dieu, nous convertir, nous tourner vers lui pour emprunter son chemin, cela dépend pas mal de nous. Mais souvent, demander de l'aide se révèle autrement plus fécond. Bonne année, chers lecteurs ! ■

CHEMIN D'ÉTOILES

Jacques Nieuviarts, prêtre assomptionniste

Vers un champ d'étoiles

Si la Bible déploie, dans ses pages, un chemin d'étoiles, les pèlerins marchant sur le chemin de Saint-Jacques se dirigent, eux, vers le champ d'étoiles, Compostelle.

Les évangiles sont sobres et donnent souvent peu de détails dont nous serions si curieux. Ainsi, nous savons finalement peu de choses de saint Jacques (Yago, Tiago ou Santiago en espagnol) qui devint le saint de Compostelle. C'est Jacques le Majeur – car il en est trois dans l'Évangile ! Fils de Zébédée, il est, comme son père, pêcheur du lac de Tibériade et se trouve dans sa barque lorsque Jésus l'appelle avec Jean, son frère cadet. Ce sont des hommes entiers, prêts à appeler le feu du ciel sur un village de Samarie qui refuse d'accueillir Jésus (Lc 9, 54), d'où peut-être leur surnom de « Boanerguès » ou « fils du tonnerre » (Mc 3, 17). Ils sont témoins, avec Pierre, de moments essentiels de la vie de Jésus : la résurrection de la fille de Jaïre (Mc 5, 37), la Transfiguration (Mc 9, 2), l'agonie au jardin des Oliviers (Mc 14, 33), et sont prêts à suivre Jésus jusqu'au bout (Mc 10, 35) ! Jacques meurt décapité sous Hérode Agrippa Ier (entre 41 et 44).

Devant l'absence de détails sur sa vie, de nombreuses légendes sont nées, qui le conduisent en Espagne pour évangéliser ce pays jusqu'au Finisterre, la « fin des terres », en Galice, ce point extrême que connaissent bien les pèlerins et marcheurs du *camino*, le chemin de Compostelle. Ces légendes et récits sont tardifs. Saint Jérôme affirme, vers l'an 400, que Jacques a prêché en Espagne et dans la péninsule ibérique. Des textes byzantins le mentionnent vers 650. Deux siècles plus tard, on affirme même qu'il y est mort. Et vers 813, l'ermite Pelayo ou Pélage (différent de celui du temps d'Augustin au Ve siècle), averti par les anges – ou conduit par une étoile –, découvre, pense-t-on, son tombeau ou ses reliques dans un champ où une barque aurait mystérieusement guidé son corps. On parle dès lors du *Campus stellae*, le champ d'étoiles. Compostelle est née. Au gré des vents de l'histoire, des milliers de pèlerins et de marcheurs s'y rendront, leurs récits amplifiant la légende de saint Jacques, qui est reconnaissable entre tous à son chapeau, sa besace, son bourdon ou bâton de marche et sa coquille. Nous garderons précieusement au cœur ce récit magnifique tout au long du voyage, que nous poursuivrons quant à nous, étonnés, au fil des pages de la Bible. Car elle déploie, de part en part, un immense chemin d'étoiles ! ■

L'ermite Pélage, conduit par une étoile, découvre le tombeau de saint Jacques dans un champ où une barque aurait guidé son corps.

Anne Lécu, dominicaine

Le capitaine et ses matelots

Il y a des inconnus dans nos vies qui nous poussent à nous recentrer sur l'essentiel et à nous réorienter vers Dieu. Tels les matelots et leur capitaine qui jetèrent à la mer le prophète Jonas.

Jonas, dont le nom signifie « colombe », fils d'Amittaï, est envoyé par le Seigneur pour convertir les habitants de Ninive, la grande ville, mais étant d'un naturel ombrageux, il part exactement dans la direction opposée, vers Tarsis. Pour ce faire, il ne craint pas de traverser la mer, et le voilà à bord d'un bateau qui part de Jaffa pour Tarsis. Les matelots, un peu comme aujourd'hui, sont d'origines diverses et n'ont pas tous le même Dieu. Ils ont à leur tête un capitaine dont nous ne savons rien. À peine Jonas à bord, une tempête se déclenche, suffisamment préoccupante pour que tout le monde prenne peur. Le capitaine décide de délester le navire et de tout jeter à la mer, ce qui entraînera de grosses pertes mais sauvera peut-être la vie de l'équipage. Jonas, pendant ce temps, dort. Chacun invoque son Dieu, mais il ne se passe rien. Alors le capitaine réveille Jonas et le sollicite pour qu'il invoque, lui aussi, son Dieu. Il y a dans nos vies des personnes que l'on ne connaît pas vraiment et qui, un beau matin, viennent nous secouer et nous demander instamment un service.

Ici, ce service essentiel est de prier. Pendant ce temps, les matelots tirent au sort pour savoir qui est responsable de cette tempête démesurée. Le sort tombe sur Jonas. Ils le questionnent et le poussent à confesser sa foi : « Je suis Hébreu, moi; je crains le Seigneur, le Dieu du ciel, qui a fait la mer et la terre ferme » (Jon 1, 9). Il avoue qu'il fuit le Seigneur qu'il craint et qu'il devrait servir. Et les matelots de l'interroger : « Que devons-nous faire ? » (Jon 1, 11). Cette fois, Jonas assume sa responsabilité, peut-être parce ...

Première Alliance

« Les matelots furent saisis d'une grande peur et lui dirent : "Qu'est-ce que tu as fait là ?" Car ces hommes savaient, d'après ce qu'il leur avait dit, qu'il fuyait la face du Seigneur. »

Jonas 1, 10

... qu'il vient de confesser devant eux sa foi. Pour que la mer se calme, il faut le jeter à l'eau. Les matelots ont peur, et c'est justice. Ils ne veulent pas avoir la mort de cet homme sur la conscience. Mais ils n'arrivent pas à regagner la terre et, à bout de solutions, le jettent à la mer. Ces hommes sont remarquables. Ils réinstaurent Jonas dans sa relation à son Dieu. Malgré leur demande, on ne voit pas Jonas prier. Mais au chapitre suivant, une fois avalé dans le ventre du gros poisson, avant même d'être rejeté sur le rivage, il rendra grâce à Dieu d'être délivré de la mort. La mort n'était-elle pas l'éloignement auquel Jonas s'était lui-même condamné ? Et n'est-ce pas grâce aux matelots et à leur capitaine qu'il s'est réveillé de ce sommeil de fuite pour affronter son Dieu ? Il faut parfois des inconnus pour nous réaxer vers le plus essentiel, des croyants différents de nous pour nous réorienter vers notre Dieu. N'est-ce pas aussi cela « le signe de Jonas » ? ■

Nouvelle Alliance

« Comme les foules s'amassaient, Jésus se mit à dire :
"Cette génération est une génération mauvaise : elle cherche un signe, mais en fait de signe il ne lui sera donné que le signe de Jonas." »

Luc 11, 29

Emmanuelle Billoteau, ermite

Le temps de Noël 2/2

Cette chronique approfondit le parcours amorcé dans le numéro de décembre sur le temps de Noël, lequel nous dirige vers Pâques. Intéressons-nous, ici, à la relation qu'établit la liturgie entre le mystère de l'Incarnation et le mystère pascal.

Le temps de Noël est centré sur l'incarnation du Fils éternel de Dieu, du Verbe par qui tout a été fait (cf. Jn 1, 3). Il est centré sur l'identité de Jésus, l'enjeu étant, bien sûr, notre salut. Car la mort et la résurrection de Jésus n'auraient pas de valeur salutaire s'il n'était Dieu et homme. Selon une formule chère aux Pères de l'Église de langue grecque : « Ce qui n'a pas été assumé ne peut être guéri ; c'est ce qui a été uni à Dieu (*i.e.* notre humanité) qui est sauvé. »

Les lectures proposées par la liturgie sont particulièrement significatives quant à l'identité du Christ. Prenons, par exemple, les textes de la messe de la première semaine de janvier. De la fête de l'Apôtre jusqu'à l'Épiphanie, ils sont tirés de la première épître de Jean et de l'évangile de Jean, à l'exception du samedi. Du lundi 2 au samedi 6 janvier, l'évangile ...

... nous invite à contempler chaque jour une facette de l'identité de Jésus : à travers le témoignage de Jean Baptiste, de l'Esprit Saint, d'André, de Simon et de Philippe ; à travers ce que Jésus laisse entendre de lui-même à Nathanaël ; et, enfin, à travers le témoignage du Père au baptême – « Tu es mon Fils bien-aimé » (Mc 1, 11).

Du 27 décembre au 6 janvier, la première épître de Jean, dont la finalité est d'enraciner notre foi dans le Fils de Dieu, nous amène à contempler le Verbe de vie qui « était depuis le commencement » et s'est donné à entendre, à voir, à contempler, à toucher (cf. 1 Jn 1, 1). Si l'insistance est telle, c'est qu'il y a là une « nouveauté absolue » dont nous n'avons peut-être plus conscience après quelque vingt siècles de christianisme. Par là, la liturgie a voulu répondre aux différents courants qui mettaient en péril la foi en Jésus Christ telle que nous la confessons encore aujourd'hui dans le Credo. Il faut se rappeler que, dans les premiers siècles du christianisme, la divinité et l'humanité du Christ furent sérieusement remises en cause. Certains ne voyaient en lui qu'un homme : mais comment cet homme aurait-il pu être médiateur de salut pour nous ? Quant aux autres, ils pensaient que le Fils de Dieu, le Verbe, n'avait fait que prendre un semblant d'humanité sans partager notre condition d'hommes, ce qui rendait là encore notre salut et notre renouvellement impossibles.

Les différentes prières de la semaine qui précède l'Épiphanie ne sont pas moins éclairantes sur la manière dont la liturgie nous fait signe à la fois vers la divino-humanité du Christ et vers le mystère pascal envisagé sous l'angle de la rédemption. À titre d'exemple, citons, la prière d'ouverture du lundi qui insiste sur le premier point : « Donne à ton peuple, Seigneur, une foi inébranlable : nous confessons que ton Fils unique, éternel avec toi dans ta gloire, est né de la Vierge Mère dans un véritable corps humain » *(Missel romain)*. Ou encore celle du jeudi, qui associe les deux thématiques : « Seigneur Dieu, tu as merveilleusement inauguré la rédemption de ton peuple par la naissance de ton Fils unique; accorde à tes serviteurs une foi solide pour qu'ils se laissent conduire par lui et parviennent ainsi à la gloire que tu promets. »

La liturgie de la semaine avant l'Épiphanie nous fait signe vers le mystère pascal envisagé sous l'angle de la rédemption.

Voilà qui, pour paraphraser saint Léon le Grand, nous incite à prendre conscience de notre dignité de chrétiens, puisque nous participons – maintenant que le Verbe s'est incarné – à la nature divine. « Personne n'est tenu à l'écart de cette allégresse, car le même motif de joie est commun à tous. Notre Seigneur, chargé de détruire le péché et la mort, n'ayant trouvé personne qui en fût affranchi, est venu en affranchir tous les hommes. » Et Léon de poursuivre : « Que le saint exulte car il approche du triomphe. Que le pécheur se réjouisse, car il est invité au pardon. Que le païen prenne courage, car il est invité à la vie » (Sermon pour Noël, SC 22 *bis*). ■

François-Dominique Forquin, prêtre dominicain
et aumônier national des Équipes du Rosaire

Le Rosaire : prière à « nœuds nœuds » ?

Jeter des cailloux, faire des nœuds à sa ceinture… est-ce si neuneu de compter ses prières ?

Lors d'un pèlerinage à Lourdes que j'ai effectué il y a quelques années, Antoine, un jeune lycéen, lâcha un peu naïvement : « La gentille mamie que j'ai brancardée aujourd'hui a passé son temps à triturer une sorte de chaînette avec une croix qui pend au bout : ça devait être un collier, peut-être celui de sa fille qu'elle ne voit plus depuis longtemps et dont elle n'a pas arrêté de me parler toute la journée. – Je crois plutôt que c'était son chapelet ! » s'empressa alors de dire Amandine, toute ravie de pouvoir parfaire la culture religieuse de son camarade. « Un chapelet, mais c'est quoi ce truc ? interrogea Antoine – C'est une sorte de boulier, mais pour compter ses prières, il y en a 150, je crois, dit Amandine. – Ce n'est pas un peu neuneu de compter ses prières ? D'autant plus que la mémé s'est endormie devant la grotte avant de l'avoir terminé, son chapelet. – Le Bon Dieu s'y retrouve ! » intervins-je alors au milieu des deux lycéens. « Dans la prière du chapelet, l'essentiel n'est pas tant de compter que d'associer un geste à la prière : en laissant filer ces grains entre ses mains, c'est un peu comme si cette grand-mère voulait dire à Jésus : "C'est ta vie, avec ses joies et ses peines traversées, qui passe dans ma vie." À l'origine de ce geste, il y a peut-être celui d'un saint du IVe siècle, Paul l'Ermite. Il jetait des cailloux hors d'un sac pour compter ses invocations. Peut-être était-ce une manière d'alléger son sac à dos, en déposant, à chaque prière, son fardeau comme une pierre trop lourde à porter ? Plus tard, en Orient, vers le Xe siècle, on a inventé une cordelette à nœuds pour compter les Notre Père adressés au Bon Dieu. Ça me fait penser à ma grand-mère qui faisait toujours un nœud à sa serviette pour ne pas oublier quelque chose. Si la Vierge Marie, comme une bonne Mère, dénoue bien des nœuds dans nos vies compliquées, elle sait aussi nous aider à en faire pour ne pas oublier les merveilles que Dieu a faites dans nos vies comme autant d'événements joyeux ou douloureux que nous avons traversés en sa présence. »

La Vierge Marie, comme une bonne Mère, dénoue bien des nœuds dans nos vies compliquées.

Amandine conclut : « Si la grand-mère que tu brancardais s'est endormie apaisée, c'est peut-être parce qu'une pierre trop lourde a pu être retirée de sa vie et que quelque chose va pouvoir se renouer entre elle et sa fille ? » À cette remarque, le visage d'Antoine s'illumina et, pour lui (aussi) ce jour-là, quelque chose se dénoua. ■

TÉMOIGNAGE DE LECTEUR

Propos recueillis par **Frédéric Pascal**, journaliste

70 ans de prière commune

Marie-Claude et Jacques-Marie Caseau, 92 et 93 ans, ont célébré l'été dernier 70 ans de mariage. Une fidélité qui repose, entre autres, sur… leur vie de prière !

« Cela fait 70 ans que nous prions ensemble tous les jours, si on excepte la période où Jacques était sous les drapeaux, en 1957-1958. Ce qui est important, pour nous, pour être sereins, surtout quand on a un âge avancé, c'est d'avoir une vie bien réglée. Même si cela n'exclut pas la fantaisie ! Alors, deux fois par jour, nous lisons l'évangile. En effet, chaque matin, notre fille Florence – sœur Marie-Madeleine, de son nom de religion, est prieure d'un couvent de bénédictines en région parisienne – nous envoie, ainsi qu'à ses frères et sœurs, l'évangile du jour et son commentaire. Après le petit-déjeuner, Jacques les lit lentement et Marie-Claude, qui souffre d'une DMLA avancée, écoute. Le soir, nous prions ensemble dans notre chambre à coucher. La journée est finie, tout est rangé, nous sommes déjà couchés. Marie-Claude commence toujours par la récitation de prières : Notre Père,

© Sandrine Martin

Je vous salue Marie, Credo et acte de contrition. Puis Jacques relit l'évangile, avec l'ensemble des lectures du jour et les commentaires de *Prions en Église*. Même à notre âge, nous continuons de découvrir que la parole de Dieu n'est pas toujours facile. Il y a des moments où le Christ n'y va pas de main morte ! Quelquefois, on se pose des questions. Nous ne sommes pas forcément d'accord avec le commentaire de *Prions en Église* ni même avec celui de notre fille. Alors nous échangeons, nous nous posons des questions. Et c'est ainsi depuis soixante-dix ans ! Dans notre prière, nous avons notre liste d'intentions. Tous les jours, nous prions pour le pape, pour nos enfants et toute la famille, mais aussi pour des amis proches malades ou qui ont besoin, sûrement, d'avoir notre soutien par la prière. Notre prière commune, c'est un soutien et une espérance. Un soutien l'un pour l'autre, d'abord, mais aussi pour notre entourage. Et une espérance dans la résurrection. » ■

QUESTION DU MOIS

Pourquoi prier ensemble pour l'unité des chrétiens?

Depuis la Réforme (XVIe siècle), nos frères protestants et anglicans ont appelé à la réconciliation. Côté catholique, Léon XIII (*Divinum illud munus*, 1897) a proposé une neuvaine de prière, mais une prière pour le retour des chrétiens séparés dans l'Église catholique. Petit à petit, le mouvement œcuménique s'est développé, malgré la réticence de Pie XI (*Mortalium animos*, 1928). Puis, le révérend américain Wattson (1908) a fait de la « neuvaine » une « octave de prière pour l'unité de l'Église », du 18 au 25 janvier (soit l'ancienne date de la « Chaire de saint Pierre » et le jour de la « Conversion de saint Paul »). L'abbé Paul Couturier a intégré les chrétiens orthodoxes et transformé l'octave en « semaine ». Célébrée chaque année depuis 1935, la Semaine de prière pour l'unité des chrétiens est œcuménique. Elle prend appui sur notre même foi et sans prosélytisme, selon la doctrine de l'Église en matière d'œcuménisme (cf. décret *Unitatis redintegratio* du concile Vatican II, 1964). Cette année, son thème est : « *Tu aimeras le Seigneur ton Dieu [...] et ton prochain comme toi-même* » (Lc 10, 27, lire p. 126). À l'exemple du Samaritain de l'évangile, les chrétiens doivent apprendre à s'aimer les uns les autres et à aimer les plus pauvres. La mission et la charité évangélique nous rapprochent. ■

Michèle Clavier,
théologienne

ITINÉRAIRE SPIRITUEL DANS LE DÉSERT DU HOGGAR, ALGÉRIE

Sur les pas de Charles de Foucauld

« Ce désert m'est profondément doux […] on se sent envahi par la vérité », écrit Charles de Foucauld à son ami le père Guérin, en 1906. L'expérience du désert a changé la vie de l'homme et du croyant. Il s'y est forgé la conviction de se faire le frère universel. Pendant quelques jours, stoppons la course folle de nos activités, allons au désert du Sahara y découvrir ou y retrouver le sens de notre vie. ■

Sébastien Antoni, *prêtre assomptionniste*

Désert du Hoggar, Algérie.

© AdobeStock

PRATIQUE **Du 19 au 27 avril 2024.** Une proposition **"Prions en Église"** et **"Le Pèlerin"** organisée par Routes bibliques.
Renseignements et inscriptions : 01 45 49 07 77 ou accueil@routesbibliques.fr

Jeanne-Louise et Alban Fortin, avec leurs enfants, volontaires avec la DCC au Cameroun

Volontariat en famille au Cameroun

« Depuis notre mariage, nous souhaitions vivre à l'étranger en famille. Mais nous voulions y donner du sens. Le volontariat dans un organisme catholique a été pour nous une évidence. Après avoir tant reçu, il nous semblait normal de pouvoir donner à notre tour et aussi témoigner de l'amour du Christ.

Partir deux ans au Cameroun avec nos enfants a été une sacrée aventure et nous a sortis de notre confort occidental. Se démunir, lâcher prise, se remettre dans les mains de Dieu nous montre l'essentiel. Vivre avec nos filles des moments de partage et d'ouverture à une autre culture a donné lieu à de bons moments en famille ainsi qu'à de belles discussions sur nos découvertes, nos incompréhensions, nos chocs. Se confronter aux différences, voir l'injustice, goûter à la fraternité a changé nos cœurs.

Nous rendons grâce pour cette expérience qui a enrichi notre vie et notre regard sur autrui que nous n'aurions pu connaître sans nous détacher et nous déraciner. Cette parole dite par le Seigneur à Abraham nous a beaucoup portés : "Quitte ton pays, ta parenté et la maison de ton père, et va vers le pays que je te montrerai" (Gn 12, 1). » ■

1. De gauche à droite : Sixtine, Agnès et Constance découvrent leur nouvelle école Les Bambis à Yaoundé (Cameroun), septembre 2021.
2. Tongo accueille Constance le matin à l'école Les Bambis, septembre 2021.
3. Découverte de la chefferie de Batoufam, décembre 2021.

DCC / Fortin

Anne-Quitterie Jozeau, journaliste

Une laïque charismatique

Le diocèse du Puy-en-Velay (Haute-Loire) célèbre les 350 ans de la mort d'Anne-Marie Martel. Encore méconnue en dehors de son Auvergne natale, cette laïque continue de marquer sa ville du Puy, plus de trois siècles après. Visite d'un lycée implanté sur un site à son nom.

Dans le centre-ville du Puy-en-Velay, à deux pas de la maison natale d'Anne-Marie Martel et de Saint-Georges (l'ancienne église paroissiale) se tient le lycée technologique et professionnel Saint-Jacques-de-Compostelle. Le site, qui s'appelle « Anne-Marie Martel », consiste en une imposante bâtisse qui épouse le style médiéval du centre historique. Le 15 janvier, jour anniversaire de sa mort, une icône de la jeune femme du XVIIe siècle accueillera les élèves au Centre de documentation et d'information. « Son charisme est toujours vivant, explique Marianne Rochette-Mouyren, la directrice adjointe. Anne-Marie Martel est présente dans notre quotidien. Ainsi lors de la semaine d'intégration, les élèves découvrent cette figure spirituelle. » Un parcours les mène sur le lieu de l'hôpital où elle soignait les malades, ou encore à sa maison natale.

Les lycéens sont marqués par la vie et les actions de cette femme à peine plus âgée qu'eux. « Même

Un groupe d'élèves autour du portrait d'Anne-Marie Martel. Icône peinte par André J. Prévost.

Photo de l'icône : © Stephen Prevost

jeune, elle voulait répondre aux enjeux de son temps, explique la directrice adjointe. En lycée pro, nous avons aussi à cœur de répondre aux besoins de notre temps. » Le lycée Saint-Jacques-de-Compostelle est l'une des onze écoles, en France, placées sous la tutelle des sœurs de l'Enfant-Jésus créées par Anne-Marie Martel, héritières directes des « Demoiselles de l'instruction ». Leur charisme se résume en deux mots, empruntés à la jeune femme : éveil et approfondissement de la foi. « Avant d'évangéliser, Anne-Marie Martel soignait et instruisait », confirme sœur Jacquie, qui gère la tutelle du lycée ponot. Elles sont aujourd'hui une centaine de sœurs aux quatre coins du monde, dont une dizaine, certes vieillissantes, en Auvergne, à suivre l'intuition d'Anne-Marie : « Être présence d'amour au Père et aux frères pour le service de l'évangélisation et l'approfondissement de la foi. »

Telles Anne-Marie Martel et ses compagnes, les sœurs de l'Enfant-Jésus sont impliquées dans la …

… vie de leur paroisse et de leur quartier : visites de voisinage, Action catholique ouvrière, mission universelle, soins aux sœurs plus âgées, aumônerie à l'hôpital et en prison, Emmaüs… « Nous sommes dans la ligne d'Anne-Marie Martel comme dans celle du pape François : aller dans les faubourgs ou dans les périphéries actuelles, qui sont des périphéries d'incroyance et d'indifférence. Cela tenait à cœur à Anne-Marie Martel de faire connaître Dieu », s'exclame sœur Jacquie. Avant d'ajouter : « Et à nous aussi ! » Au lycée Saint-Jacques, c'est ainsi l'ensemble de la communauté éducative qui est sensible à la vie de la fondatrice. « Les enseignants, pas tous croyants, sont notamment touchés par le fait qu'elle fut une laïque », confie Marianne Rochette-Mouyren. Avant d'ajouter en riant « Et moi, son côté moderne, le fait qu'elle s'active comme Marthe, ce qui n'exclut pas la contemplation, me vont bien ! » ■

Un modèle à béatifier

En conclusion du jubilé, une messe est célébrée le 15 janvier 2024 à la cathédrale du Puy-en-Velay par Mgr Yves Baumgarten. Lors d'une visite romaine, l'évêque du Puy a relancé le processus de béatification d'Anne-Marie Martel. Il confie : « Aujourd'hui, dans des périodes difficiles que traversent notre pays et notre Église, un peu d'audace, une belle détermination sans grands moyens font d'Anne-Marie Martel un beau modèle de sainteté pour aujourd'hui. »

Informations communiquées sous réserve de modifications. Renseignez-vous avant de vous rendre aux endroits indiqués.

LE JOUR DU SEIGNEUR – FRANCE 2 (11 heures)

7/1 Église Saint-Pierre-Saint-Paul, Évry-Courcouronnes (91).
Prédicateur : Fr. Gabriel Nissim, dominicain.

14/1 En direct de la Belgique.
Prédicateur : *information non communiquée*.

21/1 Église copte Saint-Moïse-le-Noir-et-Saint-Samuel-le-Confesseur, Deuil-la-Barre (95). Prédicateur : *information non communiquée*.

28/1 Couvent Saint-Thomas d'Aquin, Toulouse (31).
Prédicateur : Fr. Olivier de Saint-Martin, prieur provincial des dominicains de la province de Toulouse.

FRANCE CULTURE (10 heures)

7/1 Chapelle Notre-Dame de la Médaille miraculeuse, Paris (VIIe).
Prédicateur : Fr. Benoît Vandeputte, dominicain.

14/1 Église Saint-Martin, Ambleny (02).
Prédicateur : P. Jean-Alexis Aguma Asima.

21/1 Chapelle des Franciscaines réparatices de Jésus-Hostie, Paris (XVIIe).
Prédicateur : Mgr Michel Chafik, recteur de la Mission copte catholique de Paris.

28/1 Chapelle Notre-Dame de la Médaille miraculeuse, Paris (VIIe).
Prédicateur : P. Brice de Malherbe.

LIVRES

Déserter ou s'engager ? Lettre aux jeunes qui veulent changer le monde

de Hubert de Boisredon, Mame, 140 p.

Racontant différents récits de vie, dans un cadre associatif ou professionnel, Hubert de Boisredon partage le constat des jeunes ingénieurs sur l'état de notre monde actuel. Ce chef d'entreprise, membre de Fondacio, encourage les « jeunes d'âge ou de cœur » à faire leur part, à vouloir changer leur propre monde, à combattre l'individualisme et à espérer, toujours.

Devenir missionnaire sans bouger de chez soi

de Corentin Dugast, Salvator, 190 p.

Faire de notre baptême non l'évènement d'un jour mais celui d'une vie : tel est le leitmotiv de Corentin Dugast. Glissant quelques exercices pratiques, l'auteur insiste sur la vie de prière à cultiver à côté des œuvres missionnaires. « La mission commence donc dans notre chambre », écrit-il. Les deux mots-clés de l'ouvrage, indissociables selon lui : contemplation et action.

Le Noël de saint François

de Bertrand Lesoing, Cerf, 130 p.

Dans ce nouvel ouvrage, Bertrand Lesoing, que nos lecteurs connaissent bien, se met à imaginer le Noël vécu par le *poverello* à Greccio. Avant de commencer la veillée de Noël, dans un décor semblable à la naissance du Christ douze siècles plus tôt, François repense à chaque rencontre qui a déterminé l'homme qu'il est devenu. Grâce au style fluide, ce roman à la lisière du réel est très agréable à lire. ■

Anne-Quitterie Jozeau

EXPOSITION

Le trésor de Notre-Dame de Paris

Des origines à Viollet-le-Duc

Châsse de la Couronne d'épines, Jean-Charles Cahier, 1806

Le trésor de Notre-Dame s'expose au musée du Louvre où il a été mis à l'abri au lendemain de l'incendie, le 15 avril 2019. Quelque cent-vingt œuvres – objets et vêtements sacerdotaux, reliques et reliquaires, manuscrits… – retracent l'histoire de ce trésor en le replaçant dans le contexte de son histoire, des origines au Moyen Âge jusqu'au mobilier liturgique dessiné par Viollet-le-Duc au XIXe siècle. La restauration de la cathédrale terminée, ce trésor rejoindra la sacristie néogothique construite par Lassus et Viollet-le-Duc. ■

Hélène Roquejoffre, *Le Monde de La Bible*

Jusqu'au 29 janvier 2024 au musée du Louvre, 75001 Paris
www.louvre.fr

NOS ACTUS

Hors-série Pâques 2024

Sur proposition du pape François, 2024 est l'année de la prière. Le hors-série Pâques 2024 de *Prions en Église* est consacré à ce thème pour cheminer jusqu'à Pâques. Du 14 février au 31 mars, vous découvrirez, au fil des pages, des rencontres, des prières, des chants. Un journal de bord, à détacher, vous accompagnera chaque jour du Carême. ■ **Amandine Boivin**

Compris dans votre abonnement, disponible à partir du 24/1 sur librairie-bayard.com/paques2024 ou en librairies religieuses.

CD

Psaumes pour les dimanches et fêtes *Année B*
Jean-Pascal Hervy, ADF Musique

Psautier de Saint-Eustache
Psaumes des dimanches et fêtes *Année B*
Thomas Ospital, ADF Musique

Psaumes des dimanches et fêtes *Année B*
Barbara Delattre, ADF Musique

Les trois compositeurs Barbara Delattre, Thomas Ospital et Jean-Pascal Hervy achèvent avec l'année B la publication de leurs psautiers (dimanches et fêtes) commencée par l'année C. Aux côtés des recueils déjà existants (G. Previdi, J.-P Lécot, M. Wackenheim, etc.), des propositions qui permettent à chacun de trouver les versions chantées des psaumes qui conviennent le mieux à leur assemblée. ■

Dominique Pierre

NUMÉRIQUE

Une année mariale

Tout au long de 2024, année de la prière, *Prions en Église* s'unit à plusieurs sanctuaires mariaux à travers la France. Petits ou grands, ils sont tous des lieux de prière et de confiance envers la Vierge Marie. Chaque semaine, découvrez-les sur notre application et déposez vos intentions de prière. Elles seront présentées à la Vierge Marie dans chacun de ces grands lieux de pèlerinage. ■

Sébastien Antoni

L'application *Prions en Église* est disponible au téléchargement sur Google play et l'Appstore.

AGENDA

Informations communiquées sous réserve de modifications.

Grand Nord-Ouest

LISIEUX (14)

DIMANCHE 7

Clôture de l'année jubilaire

Une journée pour célébrer la fin de l'année jubilaire des 150 ans de la naissance de Thérèse. À 10 h 30, messe solennelle et fermeture de la porte sainte. À 15 heures, conférence « Deux jubilés en l'honneur de sainte Thérèse pour un nouveau millénaire », dans la salle du cinéma au carmel.
02 31 48 55 00
therese-de-lisieux.catholique.fr

ÉPERNON (28)

SAMEDI 20 ET DIMANCHE 21

Formation

« Avancer concrètement vers les chemins de réconciliation », animée par Marie Maquaire, consultante, au prieuré Saint-Thomas. Pour ceux qui le désirent, sœur Albertine abordera la question du pardon dans notre foi chrétienne.
02 37 83 60 01
reservation@prieure-saint-thomas.fr
www.prieure-saint-thomas.fr

SAINT-CYR-SUR-LOIRE (37)

SAMEDI 27

Session

« Contes et intériorité », avec Sandrine Chanfreau et Christophe de Vareilles, au centre spirituel La Maison de prière. Une journée pour mieux se connaître et se laisser surprendre dans sa relation au monde, à partir de contes.
02 47 88 46 00 – ursule-tours.cef.fr

Grand Nord-Est

DIJON (21)

MARDI 9

Retraite d'un jour

« La salle des noces fut remplie de convives » (Mt 22, 10). Une journée de prière, de 9 h 30 à 16 heures, autour de la communion des saints et des défunts, organisée par les pères de l'Oratoire à la maison diocésaine.
03 80 38 18 85
associationdesamis@oratoire-dijon.fr

SAINT-THIERRY (51)

JEUDI 11

Halte spirituelle

Une journée, de 10 heures à 15 heures, au monastère des bénédictines, avec le P. Arnaud Toury. Au programme : enseignements, partage, messe, repas, adoration •••

… eucharistique, none. Possibilité de rencontrer une sœur.
03 26 03 99 37
benedictines-ste-bathilde.fr

NEVERS (58)
DIMANCHE 21
Veillée
Un temps de louange et d'adoration, animé par le groupe Sel et Lumière, de 18 h 15 à 19 h 30, à l'église Saint-Pierre.
www.nievre.catholique.fr

Grand Sud-Ouest

POITIERS (86)
JEUDI 18
Conférence
« L'Écriture sainte, source de la foi et de la prière des chrétiens », avec Mgr Pascal Wintzer, dans le cadre d'un cycle de rencontres sur « L'événement Vatican II ». De 18 h 30 à 20 heures, à la Maison Saint-Hilaire.
centre-theo@poitiers-catholique.fr
www.poitiers.catholique.fr

NÎMES (30)
SAMEDI 20
Formation
« Découvrir le Notre Père avec les Pères de l'Église », avec le P. Luc Mellet, à la maison diocésaine. Cycle de deux matinées, organisé par le Centre de réflexion et d'études chrétiennes (Crec). La seconde rencontre aura lieu le samedi 10 février.
06 60 41 45 52
www.nimes-catholique.fr

PERPIGNAN (66)
SAMEDI 20
Journée spirituelle
« Appelé à la vie avec le Livre de Job », avec le P. Albert Evrard, jésuite, au Centre spirituel et pastoral Mont Thabor.
carmisperpignan@orange.fr
www.facebook.com/centrespithabor

Grand Sud-Est

LE-PUY-EN-VELAY (43)
MARDI 9
Formation
« Apprendre à discerner pour comprendre l'appel de Dieu au quotidien », de 20 heures à 22 heures à la maison diocésaine La Providence. Parcours de trois rencontres, pour découvrir et expérimenter le discernement spirituel. Les deux autres soirées ont lieu les mardis 23 janvier et 6 février.
06 67 71 34 63 – catholique-lepuy.fr

LYON (69)
MARDI 16
Conférence
« Marc Chagall, peintre et lecteur de la Bible », organisée par les jésuites de Lyon, avec le P. Philippe Abadie, exégète, à l'Espace Saint-Ignace, à 19 h 30.
lyon.catholique.fr

GRENOBLE (38)
VENDREDI 19 ET SAMEDI 20
Visite
Une visite aux musées de Grenoble avec une médiatrice culturelle et une bibliste, organisée à 16 h 30 par le Centre théologique de Meylan (CTM), autour de la représentation, dans la peinture, du thème du repas dans la Bible. Une deuxième séance a **...**

ZOOM

LE DIMANCHE DE LA PAROLE

« Comprends-tu ce que tu lis ? » C'est le thème de la rencontre qu'organise, du 19 au 21 janvier 2024, le sanctuaire Notre-Dame du Laus, dans le diocèse de Gap (Hautes-Alpes). Cette proposition s'inscrit parmi les multiples initiatives pour le dimanche de la Parole. Le thème provient de la rencontre entre Philippe et l'eunuque, dans les Actes des Apôtres (Ac 8, 30). À travers ce week-end, le frère Luc Devillers, dominicain et exégète souhaite « sensibiliser les participants à la Bible ». « Beaucoup de chrétiens ignorent encore trop la Bible », souligne l'ancien professeur à l'École biblique de Jérusalem qui souhaite permettre aux participants de la découvrir davantage. À cette fin, plusieurs conférences sont prévues au cours du week-end, qui se veut « une sensibilisation plutôt qu'un atelier ». Comme chaque année depuis 4 ans, le troisième dimanche du temps ordinaire – cette année, le 21 janvier – est placé sous le signe de la parole de Dieu. La célébration se déroule pendant la semaine pour l'unité des chrétiens, manifestant ainsi la dimension œcuménique de la parole de Dieu. ■

Anne-Quitterie Jozeau, journaliste

••• lieu le samedi 20 à 11 heures.
04 76 41 62 83
contact@ctm-grenoble.org
www.ctm-grenoble.org

Île-de-France

ÉTIOLLES (91)

MARDI 16

Conférence

Dans le cadre des « Chemins de rencontres, débats », le prieuré Saint-Benoît propose la conférence « Être vivant jusqu'à la fin de la vie ? » avec Catherine Renard, vice-présidente de la Société française d'accompagnement et de soins palliatifs (SFAP), et pilote du projet Derniers secours, une formation à l'accompagnement des derniers moments de vie.
01 69 89 84 84
www.benedictinsetiolles.org

VERSAILLES (78)

DU JEUDI 18 JANVIER AU JEUDI 29 FÉVRIER

Retraite dans la vie

« Chercher et trouver Dieu en toute chose. » Cinq rencontres, le jeudi soir, à l'école de saint Ignace de Loyola, animées par une équipe du centre spirituel Notre-Dame du Cénacle. Au programme : méditation de textes bibliques, enseignements, chemins de prière. Entre chaque rencontre : prière personnelle régulière, relecture de son quotidien et possibilité de rencontrer un accompagnateur.
01 39 50 21 56 – www.ndcenacle.org

PARIS (V^E^)

MERCREDI 24 ET JEUDI 25

Session

« Pourquoi est-il nécessaire pour un chrétien de puiser à ses racines juives ? », avec le frère Louis-Marie Coudray, de 10 heures à 17 heures, au Collège des Bernardins.
01 53 10 74 44
contact@collegedesbernardins.fr
www.collegedesbernardins.fr

ENVOYEZ VOS RENDEZ-VOUS À L'AGENDA DE PRIONS EN ÉGLISE : Merci d'envoyer les informations nécessaires 3 mois avant l'événement, sans engagement de publication par la rédaction, à : *Prions en Église*, Agenda, 18 rue Barbès, 92120 Montrouge, ou par e-mail : *prionseneglise@groupebayard.com*

Prions en Église 18, rue Barbès,
www.prionseneglise.fr 92128 Montrouge Cedex.

▶ **POUR CONTACTER LE SERVICE CLIENT : 01 74 31 15 01** – service.client@groupebayard.com
(Préciser : nom + adresse postale + « concerne Prions en Église ».)

▶ **POUR VOUS ABONNER : 01 74 31 15 01** – www.librairie-bayard.com
Bayard, Prions en Église, TSA 60007, 59714 Lille Cedex 9

▶ **POUR CONTACTER LA RÉDACTION : 01 74 31 63 24** – prionseneglise@groupebayard.com

Directeur de la publication : Pascal Ruffenach. Directeur du secteur et directeur des rédactions : Jean-Pierre Denis. Rédaction : Karem Bustica (rédactrice en chef), Dominique Pierre (rédacteur en chef délégué), (Pomme Mignon (rédactrice en chef adjointe visuel, directrice artistique), Frédéric Pascal (rédacteur en chef adjoint), Armelle Gabriel (assistante), Nicolas Crouzier (secrétaire général de la rédaction), Jean-Baptiste Deau, Cécile Toussaint (1ers secrétaires de rédaction), Véronique Jollé (secrétaire de rédaction), Laurent Sangpo, Pascal Redoutey (rédacteurs graphistes), Ania Biszewska (rédactrice photo), Sébastien Antoni (chef de grande rubrique), Anne-Quitterie Jozeau (rédactrice), Agnès Thépot (relations lecteurs). A participé : Thibault Van Den Driessche. Marketing éditeur et développement : Amandine Boivin. Marketing diffusion et abonnement : Aurore Bertrand (directrice), Sandrine Dos Santos (chef de marché). Direction des terrains catholiques : Cédric Bloquet (directeur). Voyages lecteurs : Corinne Miguel. Contrôle de gestion : Tonnumy Ai. Fabrication : Grégory Cervantes. Impression : Maury SAS, Z.I. Route d'Étampes, 45330 Malesherbes. Textes liturgiques : © AELF. Chants : © Éditeurs. © Bayard et Novalis. Reproduction interdite sans autorisation. *Prions en Église* est édité par Bayard, société anonyme à Directoire et Conseil de Surveillance au capital de 16 500 000 €. Actionnaires : Augustins de l'Assomption (93,7 % du capital), SA Saint-Loup, Association Notre-Dame de Salut. Directoire : Pascal Ruffenach (président), Dominique Greiner, Florence Guémy et Jean-Marie Montel (directeurs généraux). Président du Conseil de Surveillance : Hubert Chicou. Dépot légal à parution. CPPAP : 0425K86471 - ISSN : 0383-8285. Belgique et Luxembourg : Bayard Presse Bénélux, Da Vincilaan, 1 – 1930 Zaventem. Tél. : 0800 250 38 (de Belgique, gratuit) ou 800 29 195 (du Luxembourg). Web marché chrétien : librairie-bayard.com. Suisse : Asendia Press Edigroup SA, Chemin du Château-Bloch 10, 1219 Le Lignon. Tél. : 00 41 22 860 84 02. Mail : abobayard@edigroup.ch

***Ce numéro comporte :** Sur la totalité de la diffusion : encart broché "Prions en Église" autopromo ; encart posé "Prions en Église Junior" ; encart jeté "Prions en Église" autopromo. Sur une partie de la diffusion : encart posé "Bayard presse" offre d'abonnement ; relance posée "Prions en Église" offre d'abonnement.*

PEFC 10-31-1282
Certifié PEFC
Ce produit est issu de forêts gérées durablement et de sources contrôlées.
pefc-france.org

***Prions en Église* agit pour l'environnement**

PETIT FORMAT Origine du papier : Suède. Taux de fibres recyclées : 0%. Origine des fibres : papier issu de forêts gérées durablement. Impact sur l'eau : Ptot 0,007 kg/T.

GRAND FORMAT Origine du papier : Suède. Taux de fibres recyclées : 0 %. Origine des fibres : papier issu de forêts gérées durablement. Impact sur l'eau : Ptot 0,003 kg/T